父母的语言

杨颖 编著

四川教育出版社
·成都·

图书在版编目(CIP)数据

父母的语言 / 杨颖编著 .— 成都 :四川教育出版社,2021.3(2023.3 重印)

ISBN 978-7-5408-7611-1

Ⅰ. ①父… Ⅱ. ①杨… Ⅲ. ①家庭教育 Ⅳ. ①G78

中国版本图书馆 CIP 数据核字(2021)第 040595 号

FUMU DE YUYAN

父母的语言

杨 颖 编著

出 品 人 雷 华
责任编辑 任 舸
责任校对 晏昭敏
封面设计 松 雪
出版发行 四川教育出版社
地 址 成都市锦江区三色路 266 号
邮政编码 610023
网 址 www.chuanjiaoshe.com
印 刷 三河市众誉天成印务有限公司
版 次 2021 年 6 月第 1 版
印 次 2023 年 3 月第 9 次印刷
开 本 880mm×1230mm 1/32
印 张 6
书 号 ISBN 978-7-5408-7611-1
定 价 36.00 元

如发现印装质量问题,影响阅读,请与本社联系。
总编室电话:(028) 86365120 编辑部电话:(028) 86365129

前言

为人父母，都对自己的孩子抱有很大的期望。有的父母希望孩子在学习中取得优异的成绩，有的父母希望孩子兴趣广泛，有的父母希望孩子成为“神童”，他们认为这样孩子就能考上好大学，将来就能有个美好的前程。然而，孩子的肩膀毕竟还稚嫩，扛不起太多的东西。

好父母光有对孩子的爱是不够的，还应该做孩子的好朋友、好老师和成长道路上的引路人。要做到这一点，为人父母者首先应提高自身素养并具备科学的教育方法，尤其是语言艺术方面，父母的语言将影响孩子的一生。

当孩子学习成绩不理想的时候，他们要的是父母的鼓励而不是批评；当孩子不愿意上兴趣班、特长班时，他们要的是父母的尊重而不是逼迫；当孩子没有在各方面都取得第一时，他们要的是父母的理解而不是责骂；当孩子进入青春期时，他们要的是父母的信任而不是猜疑。不知道您是怎样做的？其实每个孩子都有优缺点，即使他在某一方面或很多方面有优势，他也不可能是“全能”的；即使他看起来有不少缺点，也改变不了他有自己的闪光点这一事实。因此，父母应该结合孩子的实际情况，调整对孩子的期望值，努力寻找孩子身上的闪光点，多在语言上给孩子鼓励和支持，让孩子自信地成长。只有这样，孩子的童年才会多一份轻松和快乐，孩子的未来才会多一份惊喜和收获。

好父母的说话之道——《父母的语言》直面父母教育孩子时常犯的错误，结合大量生活中的实例，为父母教育孩子出谋划策。最终，让父母倾听孩子的心声，让孩子理解父母的期望和苦衷，帮助父母与孩子顺畅交流、和睦相处。

这是一部帮助父母通过说话与孩子建立新型关系的精华之作。父母懂得与孩子说话交流的艺术，是对孩子成长的最大支持！父母完全可以帮助孩子成为优秀的人，敢于承担责任的人，有勇气、充满活力、正直的人。

2021 年 2 月

目录
contents

孩子，你可以

你让我们很放心

孩子成为什么样的人，与家长的态度有很大的关系。家长认为孩子会学坏、不争气，孩子有可能就会变成那样。比如，有的家长认为孩子没有自控能力，便处处监督孩子，孩子就真的管不住自己；有的家长觉得孩子不敢面对困难，孩子就真的很懦弱，没有锐气；有的家长怀疑孩子早恋，原本孩子没那回事，被家长一怀疑，就真的早恋了；有的家长怕孩子染上网瘾，时时盯着孩子，不让他上网，结果，孩子偷偷去网吧上网，耽误了学习……

令人难以理解的是，明知孩子各方面不够完美，有的家长还要责骂孩子，丝毫没想到自己在养育孩子的过程中，采用了不当的沟通语言。

恶魔使用了什么方法使得美丽的公主觉得自己很丑陋呢？恶魔把公主关在高塔里，并每天都对她说："你的样子丑极了，见到你的人都会感到害怕。"公主相信了恶魔的话，怕被别人嘲笑，不敢逃出高塔。

恶魔的魔力在于，他用否定性的语言，扼杀了公主的自信，使公主失去了对自己的正确认识，不敢逃走，使盖世的美丽永远藏在高塔之下。

吸取这则反面故事的教训，我们应多对孩子说肯定性的语言，说孩子能做成事，说孩子诚实，说孩子有前途，说孩子能行，哪怕孩子有一点点突出的表现，我们都以肯定性的语言描述出来。这样，孩子就会觉得自己行，能把事情做好。孩子对自己有信心了，自然会形成良好的心理定式，向好的方面发展。

环境影响孩子，如果孩子经常被消极的暗示所包围，孩子的思想、行为也会变得消极。如果家长处处担心孩子，处处觉得孩子不行，孩子的潜力和智慧也易被埋没，最后他们真的成为无能、无用的孩子。

一个人只有在对自己有较高的评价并认为自己一定会成功时，他才会成功。孩子的自我评价，受父母观点的影响很深。所以，父母一定要相信孩子。

有这样一个画面：

一群孩子在荡秋千，秋千不是很高，看上去也很结实，可能是某个孩子的家长给孩子们拴的。几个孩子轮流荡秋千。一个小女孩拉着妈妈的手，很羡慕地看着。孩子们轮了一圈后，喊小女孩过来玩儿。小女孩看看妈妈，妈妈点了点头，但还是冲着秋

千努了努嘴。

小女孩是第一次玩，几个孩子很友好地鼓励她："别怕，可好玩儿了！两只手攥紧绳子就行了。"秋千荡起来了，小女孩坐在上面，心怦怦地跳，脸红红的，洋溢着幸福的笑容。

从那以后，小女孩经常和孩子们一起荡秋千。玩皮球、踢毽子的时候，他们也会叫上小女孩。一个周末，小女孩想和几个孩子去福利院献爱心。7岁的孩子，能做什么呢？妈妈问："你能为老人们做什么？"小女孩说："我会唱歌呀！""可是，你从未单独出过家门哪！""妈妈，不用担心，我和几个哥哥姐姐一起去，我和他们在一起，我不乱跑。"妈妈终于用信任的语气对女儿说："我不担心你。"

女儿出发后，妈妈便尾随着女儿到了福利院，然后又偷偷跟在女儿身后回家。一路上，妈妈见到的女儿俨然是个小大人。回到家，女儿叽叽喳喳地说个不停，说自己唱的歌可受爷爷奶奶们欢迎了。妈妈不断亲吻女儿，说：“我女儿长大了，能够给别人带来快乐了。”小女孩幸福地笑着，说：“我长大以后要当歌唱家，唱歌给爷爷奶奶听。”

妈妈笑了，眼里含着泪花。两年前，女儿还是个胆小的女孩，见了生人就哭。现在，女儿终于展开笑颜，敢于憧憬自己的未来了。这多亏自己教育观念的转变哪！如果自己跟以前一样像护理小猫似的护理孩子，孩子或许还会像小猫一样缩在家里呢！

父母的教育观念会直接影响孩子的发展，譬如孩子小的时候爱爬高爬低，如果父母担心孩子跌倒、碰伤而制止他，久而久之，孩子就会胆小怕事，不自信。如果在排除安全隐患以后对孩子放手，鼓励孩子做自己想做的事情，那么孩子从父母的言行里读出了支持，就不会缩手缩脚了。孩子的思维能力是伴随着孩子的行动发展起来的，放开手脚实践过的孩子，不但能力强，头脑灵活，对自己也更加有信心。所以，请家长不必过于为孩子担心，因为他们能行。

自信是你最大的财富

小泽征尔是世界著名的交响乐指挥家。在一次世界优秀指挥家大赛的决赛中，小泽征尔按照评委会给的乐谱激情地指挥演奏，突然，敏锐的直觉告诉他：演奏中出现了一个不和谐的声音。起初，他以为是乐队演奏出了错误，于是停下来重新演奏，但感觉还是不对。他认为一定是乐谱有问题，可是在场的作曲家和评委会的权威人士都坚持说乐谱绝对没有问题，是他错了。面对一大批音乐大师和权威人士，他思考再三，最后斩钉截铁地说："不！一定是乐谱错了！"话音刚落，评委席上的评委们立即站起来，对他报以热烈的掌声——他获得了总决赛的胜利。

原来，乐谱中的错误是评委们精心设计的"圈套"，以此来检验指挥家在发现乐谱错误并遭到权威人士"否定"的情况下，能否坚持自己的正确主张。前两位参加决赛的指挥家虽然也发现了其中的错误，但却在权威面前失去了应有的自信，因而被淘汰。小泽征尔却因充满自信而摘取了世界优秀指挥家大赛的桂冠。

孩子，一个人只有先相信自己，别人才会相信你。自信是一个人成功的必要条件，然而自信不能只停留在想象上，要有切实的行动。如果你在生活中很有自信地讲话，很有自信地做事，久而久之，你就能成为一个优秀的人。而那些常常自卑的人，他们没能成功并不是因为没有优点，没有可爱之处，而是因为缺乏自信。

先看一个同龄人的例子。

刘娜是一个读初一的女孩，她认为自己长得不够漂亮，无论是说话还是走路总爱低着头。同学们认为她性格内向、孤僻，都不喜欢和她交往，这使得她更加自卑。

不过，一个偶然的机会改变了这一切。有一天，她从学校门口的饰品店买了一个红色的蝴蝶结，店主不断赞美她戴上蝴蝶结后多么漂亮。刘娜不相信，但是心中很高兴，不由自主地昂起了头，连出门与别人撞了一下都没注意到。她脸上出现了从未有过的自信和微笑，一路昂首挺胸走向教室，迎面正好碰上了她的老师。“刘娜，你抬起头来真漂亮！”老师微笑着对她说。那一天，她得到了许多人的赞美，她想一定是蝴蝶结的功劳。回到家后，她迫不及待地往镜子前一照，想看看自己戴蝴蝶结的样子。可是头上哪有什么蝴蝶结？

她忽然想起来可能是走出饰品店时与人碰了一下，把蝴蝶结弄丢了。这时她才发现，原来是自信让自己变得美丽。

孩子，无论是长相普通，还是成绩不如别人，你都不应该丢掉你的自信。自信可以让你更美丽，自信也可以让你变得更聪明。所以，孩子，你一定要使自己成为一个自信的人，你可以试着用以下几种方法来培养你的自信心：

（1）克服自卑心理。你的长相、成绩、家庭条件都不能成为你自卑的理由。只要你对自己有信心，谁都无法看轻你。

（2）走路时抬头挺胸。一般而言，那些自信的人走路时都会抬头挺胸，那些自卑的人则常常低头弯腰。反过来说，抬头挺胸容易带来自信的感觉，低头弯腰则容易带来自卑的感觉。所以，孩子，走路时请你一定要抬头挺胸。

（3）面带微笑。微笑是一个很好的获得自信的方法。当你在比赛、考试、公众场合发言，感到自己不够自信时，如果能够抬头挺胸，面带微笑，你就会发现问题似乎变得容易解决了。

（4）大声讲话。大声讲话是建立自信的一个突破口。一定要敢于开口说话，不要怕说错，一定要打开嗓门。可以先面对镜子练，然后在人多的场合练。

（5）多与人交流。多与别人交流是建立自信最有效的方法。多与别人交流既可以让别人了解你、尊重你，也可以锻炼你的胆量，增强你的自信心。需要注意的是，与别人交流时一定要正视对方的眼睛，说话的口气要不卑不亢、果敢有力。

孩子，如果你自信，你要一直保持这种自信；如果你不自信，那么，从现在开始就要把自己训练成一个自信的人！

战胜怀疑和取笑

孩子，你是不是非常在意别人对你的评价？有的时候，别人会赞美你，有的时候，别人会嘲笑你，你会受别人言辞的影响吗？

今天，我要告诉你的是，无论是别人的赞美还是嘲笑，都和你关系不大，你应该懂得，世界上最了解你的人就是你自己。所以，希望你在面对别人对你的评价时能够多一些坦然，尤其是在面对别人的嘲笑的时候，更应该如此，就像篮球巨星乔丹所说的那样："如果有人取笑我，或者怀疑我……那将成为我超水平发挥的动力。"

相比之下，许多人在这方面都表现得非常逊色，即便他们本身具有超凡的能力，但终其一生，也无缘跻身于强者之列。很重要的原因就在于他们不能够正确看待别人的评价，缺乏乔丹这种将世俗压力转化为动力的气度与勇气。

孩子，别被他人的话击倒，要把它转化为你前进的动力。

有一个孩子，他的名字叫陈志刚，他并不是很聪明，读初一的时候，总是爱问一些与学习无关的问题，成绩也不好，每次考试分数都不高。

同学们经常取笑他，老师也经常找他的母亲沟通，并且断言说：“这孩子的问题很大，将来很难有好的发展。”于是，连陈志刚的母亲都怀疑他的智商，有时候难免也会用一些难听的言辞打击他。可是陈志刚面对所有人的质疑，就是没有放弃自己。他把别人的评价放在一边，化一切嘲笑为动力，发愤图强，努力学习。

有一天，陈志刚去洗手间的时候，无意间听到同学们的聊天，其中一个同学说：“就陈志刚那资质，没有丝毫出众的地方，也不比咱们聪明，还想考什么重点中学，做梦吧！”面对这些人的嘲笑，陈志刚没有说什么。当他背着书包去上

晚自习时，同宿舍的人就一起笑他："呵，这么早就去用功啦？教室里空位多的是，也不用这么急啊！"面对这样的嘲笑，陈志刚也没有说什么，只是在心中暗下决心一定要考出好成绩。周末，在别的同学玩乐的时候，陈志刚依然准时走进教室学习，雷打不动。

对别人明里暗里的嘲笑，陈志刚都一笑置之。两年后，陈志刚终于如愿以偿，考上了全市最好的高中，让所有人都感到震惊。那些自认为和他水平差不多，甚至比他还优秀的同学，都落在了他后面，再也不敢说什么大话了。

孩子，通过这样一个富有戏剧性的例子你应该明白：他人的语言打击就像是一块石头，有的人可能会被这块石头绊倒，而有的人却能够把这块石头当作上升的台阶，关键是看你用什么样的态度来对待。

所以，孩子，希望你能从以下两个方面来锻炼自己，让自己不畏人言。

(1) 当自己不能较好地处理别人对自己的嘲笑时，应该在适当的时候，和适当的人进行适当的沟通，以缓解自己的情绪压力，从而可以轻松愉快地投入到学习当中。

(2) 当自己能够平和处理别人对自己的嘲笑时，应该让自己学会毫不在乎，并且能够从别人的嘲笑中寻找到自己真正的弱点，努力克服，让别人的嘲笑转变为赞许。

做一个优秀的孩子

教育的核心是培养人的健康人格，而健康人格的核心是自信与自尊。成功教育是一种唤醒的艺术，唤醒孩子心中沉睡的自信和自尊。在每一个“坏孩子”的背后，都有一段“冤屈”的历史。反复失败的孩子会越来越差，不断成功的孩子会越来越好。教育就是要让孩子不断体验到成功的快乐。

每个孩子的发展都会涉及三个方面的内容：

（1）发展。要以发展的观点看待孩子的成功，让从来没有体验到成功、快乐的“差生”体验成功的快乐，从而唤醒孩子心中沉睡已久的巨人——自信与自尊，找到成功教育的核心命题——成功即发展，让孩子在原有的基础上得到发展。所以，每一个人都是成功者，从生理学的意义上说，每一个人都是父母体内最健康的精细胞和卵细胞的成功结合，因而每一个人都是生命意义上的成功者。所以，“只要比上次多考一分，就是进步！就是成功！”只有这样才能使孩子看到一个不断发展的自我，一个美好的未来。

（2）选择。成功即选择，选择适合自己的发展道路。教育就应该给孩子选择的机会，单一的选拔教育很难发现和发展孩子的个性与才能，而天才恰恰是因为他们选择了最适合自己发展的成功道路，所以破译了成功教育的奥秘。教育在本质上是一种唤醒，唤醒孩子心中的自信与自尊，选择适合自己的发展道路就是选择成功。

（3）和谐。成功即和谐。从表面看，每个孩子都要与周围的环境和谐共处。和谐共处使孩子心中充满自信与自尊，使他们克服心理上的自卑与自弃，获得成功。

对孩子的教育，就要注重“发展、选择、和谐”，就是要不断激发孩子深藏在内的潜力，唤醒孩子身体里的巨人。

一位名叫史蒂文的美国人，因一次意外导致双腿无法行走，已经依靠轮椅生活了20年。他觉得自己的人生没有了意义，喝酒成了他忘记愁闷和打发时间的最好方式。有一天，他从酒馆出来，照常坐轮椅回家，却碰上3个劫匪要抢他的钱包。他拼命呐喊、拼命反抗，被逼急了的劫匪竟然放火烧他的轮椅。轮椅很快燃烧起来，求生的欲望让史蒂文忘记了自己不能行走，他立即从轮椅上站起来，一口气跑了一条街。事后，史蒂文说：“如果当时我不逃，就必然会被烧伤，甚至被烧死。我忘了一切，一跃而起，拼命逃走。当我终于停下脚步后，才发现自己竟然会走了。”现在，史蒂文已经找到了一份工作，他身体健康，和正常人一样行走，并到处旅游。

20年来无法动弹的腿，竟然在危急关头让史蒂文站了起来。这不禁让我们产生疑问：到底是什么带给史蒂文这种“超常力量”的呢？显然，这并不仅仅是身体的本能反应，它还涉及人的内在精神在关键时刻所爆发出的巨大力量。著名作家科林·威尔逊曾用富有激情的笔调写道：“在我们的潜意识中，在靠近日常生活意识的表层的地方，有一种‘过剩能量储藏箱’，存放着备用的能量，就好像存放在银行里个人账户中的钱一样，在我们需要使用的时候，就可以派上用场。”

现代心理学所提供的客观数据显示，绝大部分人只运用了自身潜藏能力的10%。可以这么说，每个人都有一座“潜能金矿”等待被挖掘。有些家长可能会问，到底要怎样才能成功挖掘孩子的潜能呢？

（1）学会正确归因。潜能需要激发，这种激发是一个过程。在这个过程中，很多因素会影响我们能否顺利激发潜能，能否正确归因就是其中一个关键因素。

很多孩子明知自己不比其他孩子笨，但当他们学习失败时，就会归咎于自己的能力不行，即使取得了好成绩，也只认为是自己运气好。这会让孩子们要么感到自卑，要么心存侥幸，缺乏学习的积极性，不愿在学习上投入时间和精力。这种学习上的消极归因使孩子们忽视了自己那巨大的可利用的智力潜能。

积极归因，是我们每个人都需要学会的。当学习取得进步时，可以将其归功于“自己的努力”，这样会激发自己进一步取得成功的欲望和继续努力的动力；也可以把这些进步当作自己能力强的体现，从而使自己产生一定的满意感，增强成功的信心。如果偶有失败，我们也大可在轻轻一笑中把失败归因于任务太重或运气不好，这样既可为自己“开脱”，使自己获得心理平衡，也可鼓励自己更加努力，并克服困难。不过，切不可因此对今后的学习产生“靠运气”的侥幸心理。

(2) 养成良好的习惯。好习惯自发地指引我们的思维和行为朝成功的方向前进，坏习惯则反之。好习惯会激发成功所必需的潜能，坏习惯则会腐蚀有助于我们实现成功的潜能宝库。

有一个为人们所熟知的实验：如果青蛙突然被丢进滚烫的开水中，它会迅速地跳出来，但若把青蛙放在冷水中慢慢加热，它会很安逸地在锅里游泳，直到最后被烫死在里面。其实，人很多时候也会像青蛙那样，沉湎于逐渐变热的水，被坏习惯所捆绑、蚕食。更可怕的是，甚至连我们自己也不知道我们身上有很多坏习惯。现在很多孩子都有回家就玩游戏的习惯，不知不觉地在感官的愉悦中滋生惰性，失去了学习的动力；有的孩子凡事依赖父母，在父母的溺爱中失去了独立自主的意识；还有的孩子在考试得高分的肤浅满足中失去了继续努力的动力……所有这些，都是阻碍孩子在成功路上释放潜能的“慢性毒药”。

不妨试试，选一个静谧的夜晚，与孩子一起拿出一张纸，把自己和孩子通常会出现的思维方式和行为方式写在纸上，然后把这些思维方式和行为方式按好习惯、坏习惯进行分类。你会惊讶地发现，原来自己有那么多坏习惯。要养成好习惯，就需要破除这些坏习惯。有了良好的习惯，才会像那只突然被放进滚烫开水里的青蛙一样，被激发出无尽潜能，始终保持生命的活跃状态，而不会在无所事事中趋于平庸和颓废。

孩子，你可以

著名画家达·芬奇的父亲皮耶罗是一位令人称道的好父亲，他培养孩子的信条就是：给孩子最大的自由，让孩子发展自己的兴趣。

6岁那年，达·芬奇上学了，在学校里学了很多知识，但对绘画最感兴趣。一天，他上课不专心听讲，还给老师画了一幅速写。回家后，达·芬奇把速写给父亲看，父亲不仅没有生气，反而夸奖他画得很好，决定培养他在这方面的才华。

正是因为父亲如此开明，达·芬奇才得以全身心投入到自己喜爱的绘画中，甚至敢专门画画恐吓老爸。一次，他花了一个月时间，在盾牌上画了一个两眼冒火、鼻孔生烟，看起来十分可怕的女魔头。为了把父亲吓一跳，他还关紧窗户，只让一缕光线照到女魔头的脸上。后来，父亲一进家就被盾牌上的画吓坏了，等达·芬奇哈哈大笑地解释完，父亲竟然也没有责备儿子，反而很支持他。

16岁那年，父亲把达·芬奇带到画家韦罗基奥那里学画画。在韦罗基奥的指导下，达·芬奇刻苦学习，掌握了很多绘画技巧，终于成为一代大画家。

所以说，达·芬奇的成才和父亲的鼓励与支持是分不开的。

许多儿童教育家都十分重视鼓励的作用，认为这是最重要的成长因素。一位著名的教育家说："孩子需要鼓励，就如植物需要浇水一样。离开鼓励，孩子就不能生存。"可见，鼓励对孩子有多么重要。但遗憾的是，在生活中，很多家长往往不重视鼓励，他们更关心的是怎样"对付"孩子的不"规范"行为，根本不考虑孩子的行为究竟体现了其怎样的心态，也不分析导致其不"规范"行为的原因。这些不对症下药的做法，往往会导致家庭教育的失败。

有些家长并不明白什么是鼓励，甚至以为鼓励就是说好听的，表扬一下。其实，鼓励就是给孩子一个机会锻炼及表现自己，让他知道自己的行为可以给自己和别人带来积极的影响。在鼓励的作用下，孩子能认识到自己的潜力，不断发展各种能力，成为生活中的成功者。

鼓励不同于表扬，鼓励着重于孩子应该干什么，着重于孩子行动后的自我满足。当你鼓励孩子时，应帮助孩子认识自己的能力，帮助他树立自信心。就孩子做的某件事进行鼓励，那么在孩子接受鼓励之后，他会干得更多、更好。

在孩子的成长过程中，接受鼓励而产生自信心是非常重要的，是家长应时刻关注的内容。鼓励是一个不断进行的过程，这一过程的主要目的就是让孩子得到一种自我满足感，即自尊感和成功感。那么，作为家长，该如何有效地鼓励孩子呢？如下建议可供参考：

（1）鼓励一定要明确。家长对孩子进行鼓励时，不要笼统地说“你很棒！”或“你真行！”而应该对他的行为进行明确的激励。好在什么地方，要给孩子清楚地指出来。

（2）鼓励强调过程，不强调结果。一句“好棒啊”“好漂亮啊”，丝毫没有点出孩子努力的过程。若能换句话，例如：“全部都是你自己完成的呀？你真厉害！”不但肯定了孩子的努力过程，也肯定了孩子的能力，孩子也会因此受到莫大的鼓舞，对自己也更有信心。

（3）鼓励应侧重于行为而不是孩子本人。有些父母不明白为什么不要总是用“好”“乖”或表扬孩子性格的话对孩子进行鼓励。这是因为孩子会从不同的方面来体会父母的夸奖。你可以说：“你这样做很好，你如果今后能改掉这个毛病，就能把这件事做得更好。”记住：对事不对人更能鼓励孩子。

此外，还要注意的是，鼓励孩子要具体。具体的正面反馈能让孩子知道以后该怎么做，也能激发其自觉性。例如，孩子正在作画，父母可以说：“你用灰色来描绘天空挺恰当的，这使得古堡显得更神秘。”

（4）在孩子犹豫迟疑的时候给予他支持和鼓励。在孩子犹豫迟疑的时候，家长可以给孩子一个示范。如果你玩过一些刺激性的游戏，比如蹦极，你就会有这种体验：你前面的那个人对你有很大的影响。如果排在你前面的人玩得很顺利，而且一副兴高采烈的样子，你也会跃跃欲试；相反，如果他怕得要死，你恐怕也会有些犹豫。孩子更是这样，给他一个漂亮的示范，孩子的信心就会增强。

还可以让孩子设想自己成功的样子，在头脑里细致地描绘这幅图画，让它越来越清晰，清晰到如同身临其境。这种方法在心理学上已经得到了肯定，它能有效地增强人的信心。

必要的时候可以激一激孩子。比如，有一种游戏叫走吊桥，吊桥晃来晃去，又没有扶手，孩子不敢走过吊桥。这时，父母不妨先走过吊桥，然后对孩子说："你要是不过来，我们就走了。"让孩子处于一种必须靠自己的力量克服困难的境地。

（5）在孩子失败的时候给予他鼓励。孩子失败的时候更需要鼓励。如果这时不"赏识"孩子，孩子得到的可能不只是失败，还有失败带给他的沮丧心情，这可比失败本身可怕多了。而有了鼓励，孩子就能从失败中得到一些可贵的东西。

需要注意的是，失败就是失败，怎么样也不能把失败说成成功。同时，也不能把失败归因于客观因素，要让孩子直面自己的失败，这是很重要的一课。父母不妨多与孩子讲讲人们失败的例子，历史故事也好，名人轶事也好，自己的亲身经历也好。总之，让孩子知道，失败是随时随地都在发生的，是每个人都会遇上的，是人生的常态。

无论成功或失败，都比完全不做要好。完全不做就是0，而只要去做了，哪怕只做到0.01也比0要大。启发孩子，不要想着那没有得到的99.99，而要想那得到的0.01究竟是什么。这样，孩子才能不断进步。

小娜刚放学回到家，妈妈就来电话说她要加班，估计要过了九点才能到家，让小娜到楼下饭馆买饭，不要等自己一起吃晚饭了。

放下电话，小娜心想，自己已经是个十二岁的大姑娘了，妈妈加班那么辛苦，自己一定要做顿饭给妈妈吃。但是天不遂人愿，由于小娜是第一次做饭，加之个子不高，她到橱柜里拿食用油时把一桶油弄洒了，弄得满厨房都是油。小娜不知所措，蹲在厨房哭了……

妈妈回到家听到哭泣声，吓了一跳。她循着哭声走进了厨房，看到满地都是油，立即明白发生了什么事，于是笑着对正在哭泣的小娜说："哇！我们家富得满地流油了！"

小娜哭是因为害怕妈妈责骂自己，现在听妈妈这么一说，害怕的感觉消失得无影无踪了。

这时妈妈又说："乖女儿，我们一起来把厨房打扫干净，好吗？"

于是，小娜与妈妈一起把厨房打扫了一遍。

打扫完之后，妈妈又拿起小娜先前打翻的油桶，手把手地教小娜要怎么拿油桶才稳当。

“小娜，愿意做个西红柿炒鸡蛋给妈妈吃吗？”妈妈笑眯眯地问。

“愿意！”小娜大声地回答。

虽然这是小娜第一次做菜，但她已经一点都不胆怯了……

妈妈的情商非常高，当她看到小娜在哭泣时，她知道这时要先帮小娜消除恐惧和沮丧，于是先开了个玩笑——富得满地流油。妈妈发挥了情商中识别感情和利用感情的能力，这样既保护了小娜的自尊心，又为下一步的交流创造了温馨的氛围。

当小娜完全从恐惧和沮丧中走出来之后，妈妈让她给自己做个西红柿炒鸡蛋，就是表明自己理解小娜“想做饭”这个行为。这就是妈妈的情商中理解感情的能力在发挥作用。由于得到了妈妈的理解，小娜信心百倍地开始做菜。

妈妈给了小娜极大的鼓励，这个鼓励不仅帮小娜消除了恐惧和沮丧，而且给了小娜更大的自信，使她主动承担更多的家务劳动。

家长必须学会像文中的妈妈那样鼓励孩子。孩子需要鼓励，就像大地需要阳光一样，这是孩子的天性决定的。孩子在成长的过程中，经常会遇到挫折和失败，这些都会给家长带来不少麻烦，因而孩子容易对自己感到失望和沮丧。如果家长不能尽快帮孩子消除心里的负面情绪，他们就容易产生自卑感，今后变得谨小慎微，失去探索的勇气，不敢进行任何创新活动，也不愿为任何失败承担责任，有可能变成畏首畏尾、毫无作为的平庸之辈。所以，当孩子遭遇挫折和失败之后，家长要及时给孩子鼓励，消除孩子心中的负面情绪；当孩子有所进步时，家长也要及时给予孩子鼓励，以激励孩子继续努力。

高情商的家长都习惯从正面看待孩子的挫折和失败，给予孩子鼓励，以培养他们的自尊心和积极向上的精神。

但是，现实中有很多家长不愿意鼓励孩子，他们喜欢用巴掌或棍棒来应对孩子的过失行为，很少关心孩子为什么会出现过失。

这些家长之所以不喜欢鼓励孩子，是因为他们总是认为巴掌或棍棒更容易使孩子“长记性”，让孩子不会一错再错。但是，他们不会想，这样的惩罚会给孩子的心灵造成怎样的伤害，更想不到这种伤害是长期而又严重的。经常给孩子热烈的掌声、恰当的鼓励不仅能让孩子“长记性”，而且会让他们感受到家长的爱和家庭的温暖，从此学会对自己的行为负责。

高情商家长善于鼓励孩子，他们通过这种方式与孩子实现情感共鸣，能让孩子与自己心往一处想。这样，当家长向孩子提出更高的成长目标时，孩子会愿意为实现这个目标而努力。

但是，家长必须注意，鼓励与奖励不是一回事。鼓励主要是为了调整孩子的情绪，而奖励只是为了某种目的而给孩子提供荣誉或财物，也可以说是家长激励孩子的一种手段。比如，有的家长会给孩子制定这样的奖励措施：考试成绩提高 1 分就奖励 100 元钱。如数学成绩由 90 分提高到 95 分，那就奖励 500 元钱。这种奖励只能使孩子不再专注于学习本身，而只把学习当作一种手段，从而对学习本身失去兴趣，把所有的心思放在如何获得更多奖金上。可以说，如果孩子是为了一双高档鞋而去学习，那他的学习成绩在短时间内有可能会提高，但他一旦得到了这双高档鞋，就会对学习失去兴趣。

我们为你自豪

大多数人相信夸奖可以建立孩子的自信，让他们有安全感。但是，实际上，夸奖也可能导致孩子的紧张和行为失当。为什么会这样？有的孩子经常会有针对家庭成员的破坏性愿望，当父母跟孩子说“你真是个好孩子”时，他可能无法接受，因为他对自己的想法是完全不同的。在他自己看来，他希望妈妈消失，或者希望哥哥下个星期在医院里度过，这样的他可没法说是“好孩子”。有时，受到夸奖越多，他的不端行为反而越多，因为他想显示出他的“真我”。父母们经常说就在刚刚夸了孩子乖之后，他们就开始变野了，好像就是为了反对赞扬似的。行为不端可能是孩子对于自己的“公众形象”表达自己的保留态度的一种方式。

如果孩子被称赞聪明，那么他很可能不大愿意接受富有挑战性的学习任务，这种情况并不反常，因为他们不想因冒险而失去高分。相反，如果对孩子付出的努力进行夸奖，那么他们可能对于艰难的任务更加坚持不懈。

所以，称赞前应明确以下几点：

(1) 称赞会令人满意也可能会令人不快。称赞就像青霉素一样，绝不能随意使用。使用强效药有一定的标准，需要谨慎小心，要注意时间和剂量，否则可能会引起过敏反应。称赞也适用同样的规则。最重要的一条规则就是：只夸奖孩子的努力和成就，不夸奖他们的品性和人格。

当孩子打扫了院子之后，夸奖他说“你辛苦了”或者“院子看上去多么棒啊”，这样的评论是平常的、自然的；而夸他是个多好的人却与这件事几乎毫不相干，也不适宜。赞美是让孩子看到他的成绩的真实情况，而不是对他的品格进行品评。

下面就是一个让人满意的有关称赞的例子：

八岁的朱莉很努力地把自己的房间打扫干净了，妈妈对她的努力和成绩表达了感激和欣赏。

妈妈：“现在屋子好干净啊，看着都开心。”

朱莉：“它现在很漂亮。”

妈妈：“你愉快的笑容告诉我你很自豪，谢谢你，亲爱的。”

朱莉：“不客气。”

朱莉妈妈的话让朱莉为自己的劳动感到高兴，为自己的成绩感到自豪。晚上，她迫切地希望父亲早点回来，好向他炫耀一下干净的屋子，以再次重温因出色工作而产生的自豪。

与此相反，下面这些对孩子品格的赞美之词是无益的：

“你真是个好女儿。”

“你真是妈妈的好帮手。”

“没有你，妈妈该怎么办呢？”

这样的评价可能会吓着孩子，让他们感到不安。女儿可能觉得自己离一个好女儿还差得远呢，配不上这样的称赞。因此，她可能会决定马上减轻自己的负担。当一个人听到别人赞美自己出色，像天使一样可爱、慷慨大方、谦恭有礼时，她会觉得需要否认部分赞美。在公共场合，她无法站起来说：“谢谢，我接受你的赞美，我是出色的。”在私下场合她也无法这么说，因此她必须拒绝这样的赞美。她无法在心里对自己说“我是出色的”“我是很好的”“我是坚强的”“我是慷慨的”或者“我是谦逊的”。

（2）学会称赞的步骤。称赞包括两个部分：我们对孩子说的话，以及孩子听了我们的话后在心里跟自己说的话。

我们的话应该明确表明，我们很喜欢、很欣赏他们的努力、帮助、体谅、创造或者成就。我们的话应该能让孩子对自己的品格有一个现实的看法。

八岁的肯尼帮父亲修补地下室，其间他搬动了一件很重的家具。

父亲："工作台很重，搬起来很吃力。"

肯尼："但是我搬动了。"

父亲："那需要很大的力气。"

肯尼："我很强壮。"

在上面这个例子里，肯尼的父亲只是对工作的难度做了评价，是肯尼对自己的个人力量得出了结论。如果他父亲说："儿子，你很强壮。"肯尼可能会回答："不，我并不强壮，班上比我有力气的男生很多。"

当我们希望孩子开心时，通常就会称赞他们。可是为什么当我们对女儿说"你很漂亮"时，她会否认呢？为什么当我们对儿子说"你非常聪明"时，他会很尴尬地走开呢？是我们的孩子太难取悦，甚至连赞美都对他们不起作用了吗？当然不是。最可能的原因是：我们的孩子跟大多数人一样，对于赞美他们品格、身体或精神的话不知如何反应。

(3) 孩子不喜欢被评定。如果每个月末，宣称爱我们的人给我们一个评定，我们会怎么想？"如果你得了 A+，我就会很爱你；如果你得了 A，我就亲你一下；如果你得了 B，我就拥抱你一下。"听了这些话孩子会感到心烦意乱、情绪低落，而不会觉得被爱。

比较好的方法是：表达中要充满欣喜和赞赏，言辞中要传达对孩子的努力的认可和尊重。

莱斯特的妈妈一下午都在看儿子打橄榄球。比赛结束后，她希望告诉儿子她对他技术和成绩的赞赏，她详细描述了给她留下深刻印象的场景：“今天下午看你打橄榄球我很开心，特别是最后十分钟，你看到了一个得分的机会，你从防守的位置一直跑到场地的另一端，打进了致胜一球，你一定觉得自豪极了！”

她加上了一句“你一定觉得自豪极了”，因为她希望孩子能培养内心的自豪感。

称赞的时候要作明确、详尽的描述，这需要一点努力才能做到。而孩子从这些信息和赞赏中得到的教益，远比从那些对品格的评价中获得的要多得多。

◇孩子，你可以◇

鼓励强调过程，不强调结果。这样不但肯定了孩子的努力过程，也肯定了孩子的能力，孩子也会因此受到莫大的鼓舞，对自己也更有信心。

鼓励应侧重于行为而不是孩子本人。对事不对人更能鼓励孩子。

鼓励孩子要具体，具体的正面反馈能让孩子知道以后该怎么做，也能激发其自觉性。

鼓励不同于表扬，鼓励着重于孩子应该干什么，着重于孩子行动后的自我满足。在孩子的成长过程中，接受鼓励而产生自信心是非常重要的，是家长应时刻关注的内容。鼓励是一个不断进行的过程，这一过程的主要目的就是让孩子得到一种自我满足感，即自尊感和成功感。

高情商家教思维

1. 如何对孩子说肯定性语言？

2. 怎样教孩子培养自己的自信心？

3. 如何教孩子不受别人言语的影响？

4. 培养一个优秀的孩子，在语言表达方面需要注意什么？

5. 如何有效地鼓励孩子？

第二章

孩子，你不要害怕

呵护孩子的理想

父亲和读五年级的儿子坐在一起看电视。孩子见屏幕上的那个律师口若悬河、滔滔不绝，一会儿引经据典，一会儿慷慨陈词，说得旁人个个点头称是，敬佩之情不禁油然而生。他转身对父亲说："爸爸，我以后也要当个律师。"父亲立即说："好哇！我支持。不过，当律师可不是那么容易的，必须熟悉很多很多的法律法规，许多条文都必须背得滚瓜烂

熟，如果讲得磕磕巴巴的，谁会来请你呢？可你，现在连书都懒得背。你想当律师，从现在起，就要每天背一首诗，先把记忆力练好。”听父亲这么一说，孩子就不作声了，心里却在想：“那我还是不当律师算了。”后来，孩子看一部讲述特警战士生活的纪录片，看到高潮的时候，对旁边的母亲说：“妈妈，我以后也要当特警。”接着在沙发上摆了几个招式。母亲说：“这很好哇！我赞成。不过现在你必须好好读书，因为特警选拔的要求很严格，不但要有丰富的科学文化知识，而且还要跌打滚爬，有不怕吃苦的精神。你呀，一点苦都吃不起，体育成绩也一般。以后，每天早晨早点起床，好好去锻炼锻炼。”孩子经母亲的这一番教育，想当特警的念头也荡然无存了。

孩子在接触各种新鲜事物时，会自然而然地萌发自己的理想，这是很好的事情。对孩子的理想，父母如果觉得是合理的，就应该给予支持。但支持不是简单地说句好，也不是马上要求孩子为实现理想去奋斗。支持是要讲究方式方法的，是必须充分考虑孩子的心理准备和接受能力的。像上面例子中的父母，从主观上说，他们对孩子的理想都是热情支持的，但从客观效果来说，实际上都是在扼杀孩子的理想。主观愿望和客观效果完全相反。为什么会这样呢？这是因为，孩子在接触新事物时刚刚萌发的这种理想，是非常稚嫩的、不成熟的，是感性的、非理性的，是临时的、没有多少准备的，是理想之苗，但不能说不是理想。对这种处于萌芽状态的理想，做父母的如果用纯理性的、非常严格的终极标准来要求孩子，并希望孩子能马上付诸实践，这就会使孩子感到手足无措，感到目标实在太遥远了，根本无法实现，因而觉得还不如放弃。每个孩子都应该有自己的理想，但理想的确立需要一个由初步设想到牢固树立的过程。在理想萌发之初，需要对它进行点拨和引导，需要精心呵护它。对孩子的理想，不理不睬是错误的，拔苗助长也是错误的。如果我们都用这样的态度来对待孩子的理想之苗，那么，孩子也许永远也不能树立稳固的理想。

怎样才是对孩子理想的真正支持呢？真正的支持应该建立在对孩子的充分理解和尊重的基础之上，必须以孩子的现实准备为前提，然后进行适当的启发和诱导，不是说教，不是命令，也不是趁机提条件。比如，当孩子提出以后想当律师时，你不妨这样说："看来，当律师倒是很不错的。孩子，你说，那个律师为什么说得那么好，让那么多人都感叹不已？不知道他小时候读书怎样？"这样可以让孩子自己去思索。或者你也可以这样说："想不到你想当律师，这个理想好！我支持。孩子，你想想，当律师最需要什么才能？"总之，对孩子的理想之苗，家长要一点点地培养和扶持，要细心浇灌和滋润，不要一见小苗，就立即施以倾盆大雨，恨不得让它明天就成为一棵大树。

你一定会有所作为的

孩子在父母不断的激励与鼓舞下会不断地树立信心。父母的支持与赏识是增强孩子上进心的重要动力，也是充分挖掘孩子潜能的无形的力量。

罗纳尔的成绩很差，每次考试总是在倒数几名。老师一直说他无可救药了，连他自己也觉得这辈子不可能成功。为此，他一直很沮丧。

有一天，老师兴奋地在班上宣布，著名的学者罗森·索索尔要来班上做实验。

罗森是研究人才学的专家，据说他有一种神奇的仪器，能预测出谁在未来会获得成功。

罗森只是到班上转了几圈便没了踪影，罗森的几位助手为学生们做了一次例行体检，除了体重计、血压计、听诊器之类，也没有什么神秘的东西。体检和学校平日组织的没有两样，只是助手多和孩子们拉了几句家常，问了些诸如“住在哪儿”“父母是干什么的”“希望将来干什么”之类的话。

一天，老师神秘地点了五个同学的名字，请他们到办公室来一下。罗纳尔很紧张，以为自己又没考好，又是去挨训。其余几个同学也很紧张，因为他们的学习成绩也一般。

办公室里坐满了老师，还有久违了的罗森·索索尔以及他的助手。“孩子们，”罗森和蔼可亲地说，“我仔细地研究了你们的档案、家庭情况以及现在的学习情况，认为你们五个人将来会成大器，好好努力吧。”

罗纳尔以为自己听错了，可是看看在场的其他人的表情，他知道这是真的。

从办公室出来，罗纳尔觉得自己脚步轻松了许多，他想：“原来我还有希望，罗森是这么说的，他的预测一向是准确的，我要努力！”再看看其余四个人，罗纳尔觉得他们也面露喜色。

“罗森说我会成大器的。”罗纳尔一直这么激励自己。很快，他的成绩跃居班级前几名，当然被罗森点到的其他几位同学也都名列前茅。

十五年后，罗纳尔顺利地从哈佛大学数学系取得了博士学位，在毕业典礼上，他见到了久违的罗森教授。罗森头发白了，但罗纳尔还是一眼就认出了他。罗森竟然还记得罗纳尔，他热烈地向罗纳尔表示祝贺。

“可是，”罗纳尔最终还是忍不住问了起来，“您是凭着哪一点确信我一定会成功的？当时连我自己都绝望了。”

“孩子，我给你看一样东西。”罗森请罗纳尔到自己的电脑室去，在那里，他调出了罗纳尔的全部资料，包括从他们那次实验后的每次考试成绩记录、就读的大学的情况。不仅有他的，还有其余四个人的。罗纳尔一点也不明白是怎么回事。

“那次实验到现在才结束，实验的题目是‘语言的激励作用对人的影响’，我们一直对你们五人进行跟踪调查，实验大获成功。实际上，我并不知道你们都会成功，但除了因车祸而亡的丽达，你们都成功了。我只是从花名册上随便勾出五个人名，在此之前我对你们一点也不了解。实验表明，帮助孩子培养对自己能力的信心，更能发挥孩子的潜力，因为人类会经常被自己心中的信心所引导，小孩也不例外。”

罗森·索索尔的这个实验是心理学上著名的实验，利用语言的暗示功效来培养人的自信心。罗纳尔正是在鼓励之中燃起信心而获得成功的。

现在，很多做父母的对孩子要求很严格，对孩子的错误、缺点从不放过，发现了就立即批评教育。这种不姑息、不袒护、不放任的态度是对的，也体现了对孩子殷切的爱，但教育效果并不是很理想。什么原因呢？原因在于只是一味地批评，不符合孩子的心理特点。

孩子的信心来源于父母有效的夸奖。孩子需要夸奖，需要鼓励。“夸”不仅仅表明了父母的态度，而且坚定了孩子的信心。只有孩子对自己充满了信心，父母才能培养出优秀的孩子。那么，家长具体要怎样去赞扬和鼓励孩子呢?

(1) 不要给孩子消极的期望。当一个家长要求孩子第二天早晨自己收拾书包时，应该说：“我相信你能做到这一点。”而不是说：“你能做好吗？”后一种说法会使孩子怀疑自己是否有能力完成这个任务，在做的时候就不努力去做，而容易气馁、半途而废，招致失败。

(2) 不要对孩子提出不合理的高标准。家长和老师都希望孩子上课时能够时时刻刻专心听讲，每天都能够做到作业本整整齐齐，穿着干干净净，然而，对于大多数上幼儿园、小学的孩子来说，这是不可能做到的。所以，家长不能对孩子期望过高，不要使孩子觉得他们始终达不到预想的标准，这样的孩子会过早地失去童真和快乐，也会失去自信。

(3) 重视孩子的贡献、自身价值和优点。要想使孩子感觉良好，就要使他们感觉到自己是有用的人，并且知道自己的贡献确实有用，能够受到重视。

很多家长说自己的孩子时，总是把他们说得一无是处，在家里又什么都不让孩子做，因为孩子做什么都难以达到家长的高标准。要想使孩子觉得自己有用，家长应该客观地评价自己的孩子，肯定孩子的长处，帮助孩子用自己的特长为家里做出贡献。

例如，孩子擦玻璃擦不干净，但是把其他东西擦得很好；

扫地扫不干净，但是去取牛奶、买早点却很麻利……家长总能发现和培养出孩子做某件事情的特长，使这件事情成为孩子的“专长”，并常常赞扬他，鼓励他越干越好。这样，孩子当然会为自己在家庭中的“重要位置”而感到自豪和自信。

（4）鼓励每一个进步，而不是关注最终的成就。家长常常关注孩子的考试成绩，或者关注孩子参加什么比赛得了几等奖，却容易忽视孩子平时的每一个微小的进步。这样做会使孩子索性不去尝试每一个微小的努力，因为他一下子看不到长远的结果，又缺乏耐心和意志。因此，家长需要对孩子的每一个进步进行鼓励，使他们的正确行为得到强化。

做一个勇敢的孩子

很多家长都说过，自己的孩子非常胆小，每天都跟在父母后面，一刻也离不开，不敢独自出去玩，不敢和陌生人说话，不敢一个人睡觉……作为父母，谁不愿意自己的孩子具有坚强的意志和勇敢的精神？谁不期望自己的孩子将来成为“龙”或者“凤”？但是看看自己的孩子，一副胆小怕事的样子，将来怎么会有出息？如此一来，家长心里难免会有些失望。但勇敢的精神不一定是天生的，也可以通过后天科学的心理训练和耐心的教育培养出来。

勇敢是指敢于做自己力所能及的事情，下面这个男孩就是一个例子：

尚波一家在天津做生意，家里很富裕，一些当地的绑匪早就瞄上了他。

一天，尚波放学回家，在路上遇到一个陌生人，这人说自己是他父亲的朋友，要去他家里拿一个影碟，让尚波带路，说着就把尚波推上了一辆面包车。面包车发动后，尚波发现车不是去自己家，而是朝着另一个方向去了，这时他知道自己被绑架了。

车子开到了一个平房附近，尚波被绑匪带进去绑了起来。到了晚上，绑匪开始给他的爸爸打电话，想要勒索钱。到了深夜，尚波想，这样下去，爸爸肯定会被这伙绑匪要挟控制，自己不能就这样在这里等死。勇敢的他向绑匪喊了起来："要是这样下去会死人的，死了人，我爸爸就不给钱了。"绑匪把尚波腿上的绳子解开了，尚波的腿自由了。歹徒走开后，尚波把嘴里的棉布吐了出来，又磨断了绳子。现在他能移动了。趁绑匪打瞌睡的时候，他偷偷地从门缝里溜到了外面，正好碰见一个老大爷半夜出来上厕所，好心的老大爷报了警，最后警察抓住了这伙绑匪。

勇敢就是一个人能够积极应对各种突发状况，遇事不惊慌，能够想办法自救或者求助他人。就像尚波一样，如果他一被抓住，就在车里大哭大闹，说不定早就没命了。相反，尚波实际的做法，才称得上是勇敢。

勇敢是孩子应该具有的一种良好的品质，勇敢和勤劳一样，也是中华民族的传统美德。每一个孩子，无论是在学习还是在生活中，要想获得成功，都必须具备勇敢这个条件。从小就引导孩子养成勇敢的良好品质，是家庭教育中的重要环节。作为家长，应该怎样培养孩子养成勇敢的良好品质呢？

（1）对孩子进行榜样教育。榜样教育对孩子来说是很有效的。很多英雄在追求真理的过程中，在遇到困难和危险时，都能表现出勇敢的品质，令人敬佩。这都是值得孩子学习的地方。

孩子的人生观、道德观以及性格和习惯等都是在多种环境的影响下逐渐形成的，这是一个漫长而复杂的过程。在这样的过程中，孩子尤其需要父母的关心和支持。作为家长，应该引导孩子养成勇敢的习惯，多讲讲那些大智大勇的英雄故事，指导孩子学习英雄人物的勇敢品质。

（2）让孩子拥有正确的思想，树立远大的理想。从心理学上看，孩子的思想影响着他的性格和习惯的形成。如果孩子从小就有为社会、为人民服务的思想，那么，他们很有可能会养成勇敢的习惯。

（3）言传身教，给孩子创造一个良好的环境。父母平时的一举一动，都会对孩子养成勇敢的习惯产生深刻的影响。中国有句古话说得好，“虎父无犬子”，孩子的习惯受父母的影响很大，因为在生活中，父母是孩子最亲近、最信任的人，也是在一起时间最长的人。因此，父母在生活中对他人、对家庭、对集体、对社会，都要勇敢地去承担各种责任，不要给孩子留下一种“各人自扫门前雪，莫管他人瓦上霜”的印象。家中来了客人，要让孩子主动问候招待，勇敢地和客人交谈；

与别的孩子闹矛盾，要鼓励孩子勇敢地与对方和解；学校开展的活动，要鼓励孩子积极参与；家中事务，要鼓励孩子发表意见。这样，给孩子创造一个良好的环境，孩子的勇敢品格才会在学习生活的实践中逐渐形成。

遇事要沉着冷静

在孩子成长的过程中，他们可能会遇到各种各样的困难和危险，比如做事不顺、生病、独自出行遇到坏人、朋友反目等。如果孩子处理得不好，那么会给他们带来不利影响。

放学回到家，阳阳撂下书包就走到妈妈身边说："老妈，明天我要和同学去郊外玩！骑自行车！"妈妈一听骑自行车去郊外，有点担心，但是再看儿子满脸憧憬的神色，就答应了。

儿子出发前，妈妈又一次叮嘱了儿子骑车出行的注意事项，并前前后后检查了一遍儿子的自行车，把手机塞到阳阳的背包里。

说好的傍晚6点准时回到家，可是都7点了还没有见到儿子的身影。妈妈脑海里开始涌现各种不测的画面，车祸？迷路？车坏了？被绑架？徘徊了许久，她还是忍不住给儿子打了个电话。

电话里传来儿子焦急的声音："同学的自行车坏在半路了，我们正在想办法！哎呀，急死人了！"妈妈从儿子带着埋怨的声音里，听出了慌乱。

"你们在哪条路上？决定怎么办？"妈妈问。

"在高新技术开发区外的银河路上，我们等了一个多小时也打不到车。"儿子的声音里带着哭音。

"从银河路上下来，你们会看到一个站牌，在那里能够打到车。你们不妨试试。别慌，保持镇定！"妈妈叮嘱儿子。

儿子犯难了："一辆出租车也坐不下这么多人哪。"

妈妈说："那就多打一辆车，打不到多的车就一部分人坐车，一部分人骑自行车回来。怎么样？"儿子在电话那头说："成！"

儿子回到家后，滔滔不绝地讲述着今天的游玩旅程，最后对妈妈说："要不是您，我们可能到现在还回不来呢。"

"瞧你们一个个的，在家里鬼主意多着呢，一出门就傻

眼了。世上无难事，只怕有心人。遇到任何事情一定要镇定，不要慌乱，只要分析一下形势，静下心来就能想出好方法！”

儿子点点头：“嗯！多出去几次我就有经验了，这次收获可真不小。”

只有多历练，多接触社会，孩子才有经验，遇到事情才会心里有底，不至于慌乱。否则，孩子难以独立，会因为没有经验而“临事慌乱”“临阵脱逃”，甚至失去正确的判断而遭受失败。

◇ 有所作为 ◇

HARVARD UNIVERSIT
GRADUATION CEREMONY

我只是从花名册上随便勾出五个人名。实验表明，帮助孩子培养对自己能力的信心，更能发挥孩子的潜力，因为人类会经常被自己心中的信心所引导，小孩也不例外。

您是凭着哪一点确信我一定会成功的？当时连我自己都绝望了。

罗森·索索尔的这个实验是心理学上著名的实验，利用语言的暗示功效来培养人的自信心。孩子的信心来源于父母有效的夸奖。孩子需要夸奖，需要鼓励。“夸”不仅仅表明了父母的态度，而且坚定了孩子的信心。只有孩子对自己充满了信心，父母才能培养出优秀的孩子。

高情商家教思维

1. 怎样做才能真正帮助孩子实现理想?

2. 要让孩子对自己充满信心，家长需要怎样做? 你成功的经验和失败的体验都有哪些?

3. 怎样培养孩子强大的内心?

4. 如何做才能让一个胆小羞怯的孩子变得大胆勇敢?

第三章

孩子，你可以自己做决定

对自己负责任

著名教育家茨格拉夫人说过："教育孩子懂得他们不同的一举一动能产生不同的后果，那么随着时间的推移，孩子们一定会变得很有责任感的。"

父母在教育孩子的同时，一定要让孩子明白：每个人都应该为自己的行为负责。这是父母在教育孩子时一定要让孩子养成的良好习惯。不论孩子有什么过失，都应当让他承担责任，这才是父母真正的爱。

一位法国妈妈带着7岁的儿子到一个中国朋友的家里做客。

这位中国的女主人对外国友人的到来非常重视，特别学习了西餐的做法。她对外国母子说："今天我做西餐给你们吃，你们尝尝中国人做的西餐味道怎么样。"

小男孩听女主人要给他们做西餐，心想："中国人做西餐肯定不好吃。”于是，当女主人问他吃不吃的时候，小男孩坚定地回答：“我不吃。”

等女主人把西餐端上来的时候，小男孩被眼前的汉堡吸引住了。这么好看的汉堡，味道肯定很好！小男孩迫不及待地对妈妈说：“妈妈，我要吃汉堡。”

女主人很高兴小男孩能够喜欢自己做的汉堡，就高兴地把汉堡端到小男孩面前，说：“来，宝贝，吃吧！”

谁料，这时男孩的妈妈严肃地对女主人说：“不行，我儿子说过他不吃西餐，他得为自己说过的话负责，今天他不能吃汉堡！”

男孩着急地哭了起来：“妈妈，我要吃汉堡！”但是，男孩的妈妈根本不为所动，只是淡淡地对儿子说：“你得为自己说过的话负责。”

女主人看着，觉得男孩的妈妈也太较真了，就说：“给他吃吧，孩子总是这样的。”

男孩的妈妈对女主人说：“亲爱的，我们要培养孩子的责任心。”

最终，无论男孩怎样哭闹，妈妈就是不同意让他吃汉堡。

事实确实如此，只有让孩子懂得自己的行为将会产生什么后果，他才会对自己的行为负责任。

在现实生活中，父母要试着把孩子生活中的责任放到孩子的身上，让孩子自己承担。比如，当孩子遇到麻烦的时候，父母应该说：“这是你自己选择的，你想想为什么会这样。”而不要对孩子说：“你已经努力了，是爸爸妈妈没能力帮助你。”虽然只是一句话，却反映出了不同的观念。如果父母无意中帮助孩子推卸了责任，孩子将会认为自己无须承担责任，这对他以后的人生道路是很不利的。

如今，很多父母都不太重视培养孩子的责任心。当孩子遇到一些事情的时候，父母总是替孩子完成，希望能为孩子留出更多的时间去学习。其实，责任心是孩子做人的基础，也是成功的必备条件之一，没有责任心就不可能认真去做事。

父母培养孩子勇于承担责任的好习惯需要注意以下几个方面：

（1）听取孩子对家庭生活的建议。父母可以适当地与孩子谈谈家里的花销、添置及人事来往，并请孩子谈谈自己的看法，或者请孩子出主意、想办法。当父母经常聆听他们的意见，采纳他们有价值的建议的时候，孩子就会在心中产生对家庭的责任感。

（2）让孩子心中有爱，关心他人，善待他人。父母要培养孩子对社会的责任心，必须要求孩子主动关心老人、病人和比自己小的孩子。父母生病的时候，让孩子学会照顾父母。让孩子知道父母的生日，鼓励孩子给父母送上一份生日礼物。

（3）让孩子做力所能及的家务劳动，培养孩子对家庭的责任心。父母要把每件要求孩子做的事情，给孩子交代清楚，保证孩子能完全理解。耐心指导孩子做家务，以鼓励、表扬、奖励等方式给孩子积极的反馈。

子曰："爱之，能勿劳乎？"如果我们爱孩子，就让他们在劳动中学习吧。

尽最大努力做事

著名教育家陈鹤琴先生曾提出："凡儿童自己能够做的，应该让他自己做；凡儿童自己能够想的，应该让他自己想。"因此，要培养孩子成为强者，父母首先要鼓励孩子做一些力所能及的事情。如果孩子实在太小，有些事做不了，父母代劳一下情有可原。但是，当孩子力所能及时，父母应该教他们如何做好自己的事。

要培养孩子自立、自强的品质，首先就要让孩子从小养成动手做事的良好习惯。凡是孩子自己能做的事情，父母要尽量让孩子学着去做。如早晨起床以后，可以安排孩子扫扫地，晾晾鞋子，洗洗手帕、袜子等；饭前擦擦桌子，准备碗筷、摆放椅子，饭后收拾、洗刷碗筷；还可让孩子参与择菜、择葱、剥蒜、洗姜等做饭类的家务活；爸爸妈妈下班回家后，可以叫孩子送条毛巾揩汗、倒杯水喝、打点水洗脸、拿把扇子扇风、搬椅子让爸爸妈妈坐着歇会儿，等等。

当孩子遇到困难时，家长不要一味包办，要先让孩子自己想办法解决。如果孩子确实没有能力解决，也不要直接帮助孩子做，应该给他提供解决问题的方法。比如，当孩子不会拉拉链时，父母不要直接帮他们拉上，而应教他们一些能帮他们拉上拉链的动作。虽然父母替他们扣扣子、拉拉链会使这些事更快做完，但若给孩子时间来练习与掌握这些技能，则可以增强他们的动手能力。

孩子刚开始动手做事时，可能会显得有些笨手笨脚，甚至会把事情弄糟，这个时候家长千万不要呵斥孩子，而应该耐心地把动作解释清楚并做示范，让孩子看得懂听得清，然后再让他们练习。大多数孩子胆子都小，做事前可能会有顾虑——怕把事做砸了。这时，家长要及时给孩子树立坚定的信心，打消孩子的顾虑。这样，孩子以后就会大胆做事了。

一位著名的儿童文学家曾说："人应该有探索，有追求。这些都要从培养独立性和主动性做起。"想让孩子独立自主，就千万不要把孩子当成弱者来看待。父母能干，培养出的孩子未必能干。爱孩子当然没错，可是爱有很多种方式，选择正确的方式很重要。

让孩子独立和爱孩子并不矛盾，不要舍不得放手，不要一厢情愿地心疼孩子。爱他，才更要让他学会自食其力。其实，孩子并不像我们想象得那样脆弱。

周末，刚吃过晚饭，方倩带着六岁的女儿小玫到小区旁边的夜市闲逛。突然，小玖就像被什么东西粘住了一样，站在原地不动了。方倩一看，原来她正盯着一个笼子里的小白兔。方倩催小玖到别的地方看看，但小玖开始大吵着要方倩给她买那只小白兔。

看着小白兔那可爱的样子，方倩开始动心了。但一想到自己上班那么忙，还要抽出时间来照料小白兔，她又犹豫了。聪明的小玖似乎看出了妈妈的心思，露出恳求的表情对妈妈说，自己会照顾小白兔。最后方倩只好向女儿投降。

把小白兔带回家后，小玖很积极，又陪小白兔玩，又喂它吃东西。

但仅仅过了一个星期，小玖就不愿意照顾小白兔了，觉得照顾它太麻烦了。于是，方倩每天下班之后，在自己已经累得不行的情况下，还要帮小玖照顾小白兔。方倩开始有些后悔给小玖买小白兔了……

其实，方倩的错不在于给小玖买小白兔，而在于把本应由小玖承担的责任揽了过来，这不仅让自己很累，而且失去了一次培养小玖责任感的机会。

培养孩子的责任感，应该是家庭教育中的一项重要内容。所谓责任，就是做好自己分内的事。每一个人在社会上都会同时扮演不同的角色，而不同的角色承担着不同的责任。比如，方倩在公司是会计，她的分内工作是会计工作，她承担的责任就是把会计工作做好；在家里，方倩是小玖的母亲，照顾好小玖也是她应承担的责任。买小白兔是小玖提出来的，小玖是小白兔的拥有者。作为拥有者，小玖在享受拥有小白兔的特权时，就应该照顾好小白兔，她必须承担起照顾小白兔的责任。因此，方倩应给小玖创造由她自己负责的机会，以培养小玖的责任感。

对于孩子来说，责任感是一种极其重要的素质，它是提高孩子承担能力的“催化剂”。有责任感的孩子，会自觉、自爱、自立和自强。可以说，责任感是孩子走向成功和幸福人生的必备条件之一，而缺乏责任感的孩子成年后会遭遇很多困难。

尽管孩子现在还小，但他总有一天要进入社会。孩子成年走向社会后，将要承担许多社会责任：作为儿子（或女儿），他（她）有责任让自己的父母安度晚年；作为父亲（或母亲），他（她）有责任让自己的子女受到良好的教育；作为丈夫（或妻子），他（她）有责任让自己的配偶过上安乐的日子；作为公司员工，他（她）有责任做好自己的本职工作……这些责任，不存在想不想承担的问题，而是必须承担。

但是，现在有相当多的家长不重视培养孩子的责任感。他们不知道，自己为孩子做的很多事情，本应是由孩子去做的。可能因为家长太忙，也可能因为缺乏相应的经验，总之，有很多家长不愿花时间去训练孩子，让孩子学习做一些他们力所能及的事情。像方倩这样，一看到小玖不愿意照顾小白兔了，为了省事，就把照顾小白兔的活儿揽了过来，从没想过要让孩子通过动手来增强责任感，其实这对孩子是不好的。

家长的责任，不是包揽孩子的一切事情，而是培养孩子的社会责任感和基本的社会生存能力。只有这样，当孩子长大成人，走向社会之后，才能通过自己的奋斗成为成功和幸福的人。因此，家长一定要牢记一条原则：不要替孩子做任何他自己能做的事情。

家长包揽了孩子自己能做的事，就会剥夺孩子自己动手解决问题的机会，使孩子缺少获得成就感的体验，这种体验是形成孩子责任感的关键。不仅如此，家长包揽了孩子的事，会让孩子认为自己需要家长的照顾，并且理应受到家长无微不至的照顾。这样一来，孩子永远不可能形成自己的责任感。

当家长把孩子培养成“小皇帝”之后，孩子就习惯了家长为自己服务，而不会替家长分忧。如果家长不能为他提供无微不至的照顾，他就会认为不公平，会认为家长“欠”了他；当家长拒绝照顾他时，他就会觉得自己是个受害者。

方倩可以采取“情商四步法”来处理小玖不肯照料小白兔的问题。

第一步，发挥情商中识别感情的能力。当小玖说自己照料小白兔很烦的时候，方倩应压下怒火，认识到小玖是因为不熟悉小白兔的生活习性或学习任务繁重而不愿意照顾小白兔的。

第二步，发挥情商中理解感情的能力。虽然小玖缺乏耐心，不肯照料小白兔，方倩还是应向小玖表示自己的理解，可以说：“妈妈理解你的感受，你现在学习确实很累。照顾小白兔会让你有点烦。”这种理解并不表示认同小玖的行为，而是表示自己理解小玖现在的感受。

第三步，发挥情商中利用感情的能力。在方倩表示了自己的同情和理解之后，基本能够消除小玖的抵触情绪，这时，方倩应和小玖说：“但是，当初是你决定买小白兔的，你是它的主人，你享受了小白兔带来的乐趣，就应该同时承担起照料小白兔的责任。这是你身为主人的责任。”如果方倩是以尊重的态度和真诚的语气跟小玖交流，那这时小玖肯定愿意接受方倩讲的这些道理。

第四步，发挥情商中调整感情的能力。方倩讲完道理后，就应针对小玖的实际情况帮她解决问题，可以和小玖一起制订“时间分配方案”，合理分配时间。在与小玖交流时，方倩可以询问小玖对照料小白兔还有什么想法、打算怎么办以及如何照料小白兔等问题。

独立做事

如果小鸡永远在母鸡的翅膀下成长，那么，它是不可能自己去觅食的。如果小鹰永远在老鹰的呵护下成长，那么它也不能翱翔天空。同样的道理，孩子如果永远生活在父母的怀抱里，就无法具备独立生活的能力，就难以适应社会。因此，父母不要大包大揽，总是对孩子放心不下，而要大胆地培养孩子独立生活的能力，让孩子养成自己的事情自己去完成的好习惯。

小英今年 15 岁。一天，她和同学去动物园玩。下午回家后，小英告诉妈妈说："我把奶奶刚送我的新衣服碰坏了，这可怎么办呢？"

正在准备晚饭的妈妈看看很着急的女儿，故意对她说："先放那里吧，等妈妈有时间了，帮你把新衣服缝好，不过今天姥姥要来哟！"

“那姥姥一会儿来了，看见我把衣服弄破了会生气的。”小英很着急。

妈妈说道：“就是呀！姥姥经常夸你是一个懂事的孩子，什么事情都不用妈妈操心，如果你发现自己的衣服坏了，并且还放在那里不管，不知道姥姥会怎么想你。”听了妈妈的话，小英的脸刷的一下子就红了。她十分不好意思地对妈妈说：“妈妈，自己的事自己做，我自己来试一试吧。”妈妈听后微笑着点了点头。

小英找出了针线，决定按着妈妈以前缝衣服的样子把衣服缝上。毕竟是第一次用针线，还真不顺手，因为线不容易穿进针眼，因此，小英穿针眼用了五分钟，然后，才开始缝。一不小心，针把小英的手扎出血了，她赌气地叫了起来。

妈妈闻声走过来，看见小英把衣服、针和线一起扔在了一个角落里。妈妈心疼地帮小英把受伤的手指包扎好后说：“好孩子，你看，手指没事了。缝得很不错呀，但是还没有完成。”听了妈妈的话，小英心里又惭愧起来。经过努力，小英终于把衣服缝好了。双手捧着缝好的衣服，她觉得自己动手做自己的事其实是很快乐的。

由此可见，父母应该从生活中的点滴小事来教育孩子自己的事情自己做，这样有助于培养孩子的自理能力。孩子养成爱劳动、自己的事情自己做的好习惯后，在成长的道路上遇到困难时，就不会等着别人来帮忙解决，而是自己去解决。

其实，父母替孩子做孩子应该做的事，不仅不会给孩子带来幸福，反而会使孩子失去锻炼的好机会。

让孩子从小养成自己的事情自己做的好习惯，我们建议父母做到以下几点：

(1) 孩子分内的事情，父母不得“包干代办”。父母别什么事都替孩子包办。整理床铺、洗袜子、收拾书包等都属于孩子分内的事，一定要让他们自己完成。小一些的孩子可能会做不好这些事，但没关系，关键在于让他们去尝试和练习。

(2) 让孩子亲自动手做事，满足自身需要。任何孩子都有内在的需要，都想亲自动手来满足这种需要。首先，父母要区分孩子的需要是积极的还是消极的。父母要满足孩子积极的需要，克制孩子消极的需要。其次，当孩子在正确需要的驱动下表现出“我要做”时，父母要及时给予其鼓励和赞赏，必要时还应创造一定条件使孩子亲自动手做事，满足其自身的需要。

(3) 让劳动开发孩子的智力。孩子在动手做事情的过程中，手的动作是在脑的支配下进行的。这是孩子观察、记忆、想象、思维、言语等能力的综合运用的过程。同时，手的动作又刺激脑的支配能力，这就是我们平时所说的“心灵手巧”。

(4) 对孩子提出做事要有计划的要求。父母让孩子劳动的时候，应该提醒孩子做事前想一想先做什么，后做什么，怎样做最好。如孩子初学洗手绢，可以让孩子先计划自己的行动程序：准备好水和肥皂，卷起衣袖，将手绢浸湿，擦肥皂，搓手绢，用清水洗净，晒手绢。父母经常指导孩子有计划地做事，就能使孩子养成有计划地做事的好习惯。

做生活的主人

牛玉夫妇有个10岁的女儿叫思思，思思成绩非常棒，这次考试又拿了满分。思思平时勤奋好学，又好动脑，速算、抢答题都属她答得最快，那些思考题和作文题也属她做得最好。

当人们让牛玉夫妇介绍一下他们是怎样教育自己的女儿时，他们是这样说的："我们从来不管女儿的作业，也从不看着她学习。在女儿上学之前，我们就给她灌输一种观念——学习只是她自己的事，将来有没有出息也是她自己的事。我们一直在给女儿讲这一道理。几年来，我们一直把责任还给她，同时我们也把自由还给了她。我们的女儿每天的作业基本上都是在学校里完成的，即使是作业多到做不完，她回家后的第一件事也是做作业。我们要求她每晚8点半之前睡觉，有一次她贪玩结果忘了做作业，到睡觉时才想起来，我们却告诉她：'作业没完成是你自己的事，等着明天挨老师批评吧。现在是睡觉时间，你一定得上床去睡觉。'从那以后，女儿就真的再也没有耽误过作业。

教导孩子自己做主、自理自律是家长必须重视的一点。为此，做家长的不妨“无为而治”。

事实的确如此。正是由于牛玉夫妇平时不管孩子，实行“无为而治”，才使得孩子有了许多自由，也使孩子产生了许多兴趣与爱好。没有家庭作业的时候，女儿会一边查字典一边读《安徒生童话》《格林童话》《伊索寓言》和其他一些有趣的书籍，有时家长问她为什么爱读这些书，她就告诉家长因为她的同学们都爱听她讲故事。牛玉夫妇的女儿还爱画漫画，她把亲人、老师、同学都画到她的漫画里，她说这样是很好玩的。家长过生日时，她把一张自己画的漫画作为生日礼物送给家长。在那张画上，一只小老虎用头顶着一本厚厚的书，递到一头戴着眼镜的大牛的面前……女儿跟家长解释说：“我属虎的，你属牛的，你平时爱看书，所以我送给你一本厚厚的书。”

牛玉夫妇的女儿是向往自由的。父母告诉孩子，做儿女的是可以跟自己的家长讲理的。每当女儿做错了事，牛玉夫妇从来不打骂她，而是与她讲道理，直到她明白自己做错了为止。

家长从不因为考试成绩好而去奖励女儿，因为他们想让女儿明白，学习的好坏其实是自己的事情，既然学习是自己的事，那又凭什么要家长给她奖励呢？

现实生活中，有许多家长望子成龙心切，他们一心想让自己的孩子成才，于是就替孩子做出一切本该由孩子自己做出的选择，也陪着孩子做一切事情，结果使他们的孩子认为学习仿佛是家长的事，自己是在替家长完成这一任务。这样下去，本来是望子成龙的家长反而剥夺了孩子学习的自由，又把孩子应负的责任扛在了自己的肩上，到最后，他们的孩子肯定很难成才。因为任何一个没有奋发向上精神的孩子，是不可能腾飞的。

家长应该把“望子成龙”的心情改为“让子成龙”的心态。给孩子创造一个良好的环境，同时给孩子树立一个比较好的榜样，让孩子有更多选择的自由，也让孩子有更多的责任感，设法去激发孩子的“成龙”热情，激发孩子潜在的创造力和学习欲望，让孩子自己去渴望成龙。这样一来，孩子才能成为一条真正的“龙”。

剥夺了孩子学习、生活等方面自由的家长，同时又承担了孩子应该负担的责任，你的孩子又怎么能成“龙”呢？

孩子生活自理能力的形成，有助于培养孩子的责任感、自信心以及自己处理问题的能力，对孩子今后的生活也会产生深远的影响。但现在大多数孩子依赖性强，生活自理能力差，以至于以后不能很好地适应新环境。所以培养孩子的生活自理能力至关重要。

有报道称，98% 的家长担忧孩子自理能力差，这几乎成了家长的“心病”。但是这“心病”是如何患上的呢？说来也许有讽刺意味：患有“心病”的家长，绝大多数都是“心病”

的制造者。为什么这样说呢？回想一下，也许孩子要帮着你收拾饭碗，但是你怕孩子把碗摔了，急忙把碗抢了过来。碗，也许保住了，但却伤了孩子的自尊心。也许孩子要自己穿鞋穿衣，你嫌他动作慢、穿不好，耽误了出门时间，于是亲自上阵，飞速地给他穿戴齐整。类似场景，是不是许多家长都经历过？

孩子天生好动，对什么事情都感到新鲜，都想自己动手，因此若要说某个孩子从小就懒，是不符合实际的。孩子的“懒”，多半是家长持续“教育”的结果。家长在孩子小的时候就一而再、再而三地剥夺了他们自理、自立的权利，而现在却一再抱怨孩子懒、自理能力差，这对孩子极不公平。就像一个教练从来不训练队员，却在比赛时要求球队一定要赢，这可能吗？要把孩子教育成全面发展的人，而不是衣来伸手、饭来张口的“书呆子”。读书学习固然重要，但孩子长大后进入社会，任何书本知识也不能代替自理、自立能力和劳动的美德。那么怎样训练孩子的生活自理能力，让他们从小养成良好的劳动习惯呢？

(1) 增强孩子的生活自理意识。家长无条件地替孩子做任何事情，会使孩子形成一种错误认识：自己不愿意干的事情，家长会帮着干。例如，孩子口渴了，家长会端水来；孩子要起床了，家长会给他穿衣服……因此，家长必须通过各种形式让孩子知道，他已经长大了，要不怕苦，不怕累，自己的事情要自己做。

家长可以对孩子进行正面教育，增强孩子的生活自理意识。如通过提问、讨论、行为练习等形式，让孩子意识到自己有能力干好一些事情，为自己会做力所能及的事情感到高兴。再如在语言活动（读诗歌、看图讲故事等）中，帮助孩子充分理解作品内涵，引导他们通过理解作品中角色的行为，受到感染和教育。也可以通过引导孩子分辨不同行为（能自理的与不能自理的），巩固孩子的生活自理意识，如为孩子准备不同行为表现的各种图片等，让孩子在比较中提高对自理行为的认识。

（2）让孩子学会具体的生活自理的方法。根据孩子的年龄特点，把一些生活自理技巧编成儿歌或者设计成有趣味的情节等，让孩子在娱乐中学习本领。例如，《穿衣歌》：抓领子，盖房子，小老鼠，出洞子，吱溜吱溜上房子。《脱衣歌》：缩缩头，拉出你的乌龟壳，缩缩手，拉出你的小袖口。《叠衣歌》：关关门，关关门，抱抱臂，抱抱臂，弯弯腰，弯弯腰，我的衣服叠好了。孩子会有兴趣地边唱这些朗朗上口的儿歌，边做动作，逐步就学会了穿衣服、脱衣服和叠衣服。

在教孩子如何刷牙以防长蛀牙时，可以教给他们一首关于正确刷牙的儿歌，提醒孩子每天早晚刷牙。在让孩子注意正确的洗手方法和节约用水的时候，可以改编已有儿歌并配上曲调，使其变成一首朗朗上口的歌曲，这样孩子就会更加易于接受。

（3）分步骤培养。每个孩子的领悟能力不同。如果家长发现教了几次后，孩子仍无法独立完成这件事，则可以考虑将该事项拆分为多个步骤，以更细致地教孩子。

①先将每项技能的步骤简单分解成四五个阶段，再来分析、衡量孩子可以完成哪些。如果孩子不能完成，可再将步骤细分，并由家长细致示范或陪着孩子一起做，指导孩子完成，直至孩子可以独立完成为止。

②每个孩子有每个孩子的特点，家长不要拿自己的孩子与其他孩子相比，而觉得自己的孩子笨。有时可能是由于家长的示范不够清楚，而使孩子搞不清楚，因此缓慢且清晰的示范是必需的。当然，步骤该如何分，分几步，都可根据家长的需求、孩子的能力以及家长认为容易接受的步骤为基准。不过，最好是在示范前先演练一遍，看看流程是否流畅，从孩子的角度来说这样是否可以理解。不要想到哪儿是哪儿，步骤一改再改会让孩子无所适从。

◇ 让孩子自己做主 ◇

教导孩子自己做主、自理自律是家长必不可少的一招。做家长的“无为而治”，使得孩子有了许多自由，也使孩子产生了许多自己的兴趣与爱好。

高情商家教思维

1. 你是如何培养自己的孩子勇于承担责任的好习惯的？

2. 如何培养孩子尽最大努力做事的品质？孩子多大了你才开始放手？

3. 在培养孩子独立做事方面，你都有哪些好办法？

4. 如何培养孩子的生活自理能力？

孩子，你要待人友善

做一个乐于助人的好孩子

程普上完厕所出来，突然发现前面一位低年级同学“哧溜”一下滑倒了，眼镜摔出老远。程普见状，不仅没有帮忙，还在后面哈哈大笑起来。这时，杨老师过来了，他赶紧扶起那位同学，还帮那位同学捡起眼镜。程普一看情况不妙，赶紧溜之大吉。

放学回家的路上，程普看到赵奶奶提着一大篮菜在前面吃力地走着，就赶紧放慢了脚步。赵奶奶一回头，还是看见了他，就喊道：“程普哇，快来帮帮忙吧，奶奶买多了，帮我抬着篮子，好吗？”程普推辞不过，只好跑过来帮忙。

刚走到门口，程普的妈妈就看见了他们。赵奶奶赶紧夸程普，还要送他妈妈一些菜，妈妈礼貌地拒绝了。赵奶奶说：“程普这孩子不错，我喊他，他就过来帮忙。”妈妈也高兴地拍拍儿子的头说：“变乖啦。”程普没有想到，帮助别人也是快乐的，他马上为自己之前在学校的做法后悔了。

给他人力所能及的帮助是一种美德，自己也能从中收获快乐。一个乐于助人的孩子，也能得到他人的支持和帮助。孩子想在开放、交融的社会环境中获得成功，就离不开他人的帮助。

孩子乐于助人的品质，从一些生活的小细节中就能体现出来。一句关心的话、扶人一把、帮忙提一下重物，都能展现孩子乐于助人的精神。孩子眼中有他人，心中有他人，才能知他人疾苦，才能在他人陷入困顿、危难时及时提供帮助。

孩子在他人急需帮助时无动于衷，是缺乏同情心的表现。这样的孩子，在人际交往中常常会陷入困境。他无法清楚地理解对方的意图，无法准确有效地与他人实现合作，这不利于孩子走向成功。

好人缘就是从帮助他人中获得的，孩子只想索取，不愿意付出，就会离好人缘越来越远。助人为乐最初是在帮助他人，最终却是在帮助自己。父母要让孩子明白这一点：帮助他人，也是在为自己积累人脉，养成良好的品德，树立正面的个人形象。那么，如何培养孩子乐于助人的品质呢？

（1）父母要有一副热心肠。任何一种优秀品质的形成，都离不开家庭氛围和父母行为的影响。乐于助人的父母，能够时刻影响孩子形成乐于助人的品质。乐于助人体现在细节上。如果父母是热心肠的人，与楼上、楼下的邻居关系都很好，谁有困难都热心帮助，孩子就可能以父母为榜样，也会乐于助人。

同时，父母也要及时赞赏孩子帮助人的行为，让孩子喜欢上这种行为。父母在生活细节上给孩子的影响很多，父母的古道热肠时刻影响着孩子的观念和行为，时间长了，孩子在遇到有人需要帮助时，也会慷慨相助。

(2) 让孩子首先学会服务父母。孩子和父母的关系最密切，孩子通过为父母服务，能直接体验到帮助他人的快乐。父母要多给孩子一些机会，让他为父母尽孝心。

妈妈洗了一上午的衣服，累得腰酸背疼，就对在看电视的儿子陈冬说："儿子，你帮我捶一下腰和背吧。"陈冬让妈妈躺在沙发上，边看电视边给妈妈捶背。妈妈一会儿就睡着了，陈冬帮妈妈盖上了棉毯，调低了电视音量。看着妈妈熟睡的样子，陈冬很开心。

孩子为父母服务时，也能体会到快乐。父母在家庭生活中，要多鼓励孩子做这些事，孩子一旦养成习惯，就能够自觉地为别人着想。这样，孩子就会变得更有孝心和同情心，在生活中乐意给他人提供帮助。

(3) 创设情景，让孩子体会帮助他人的快乐。父母可以为孩子创设情景，让孩子在游戏中体会帮助他人的快乐：父母可以选择一些角色扮演类的游戏。

夏超和妈妈上楼，妈妈故意说："哎呀，包好重啊，我提不动了。”夏超赶紧说：“妈妈，我来帮你吧。”妈妈把包递给他说：“谢谢你！”回到家，母子俩又开始玩游戏。妈妈扮演病人，夏超扮演好心的路人，夏超要把“病人”安全地送回家。母子俩玩得很开心。

帮助人能获得快乐，孩子只有去体验，才会感受到这种快乐。游戏、情景剧中助人为乐的事，同样能让孩子体验到快乐。父母可以通过情景创设来为孩子制造助人为乐的机会，让孩子多一些相关体验和锻炼。

乐于与他人分享

小菲的父母都是小学老师，女儿很小时他们就教导女儿要学会与人分享。

小菲的邻居小梦的父母离婚了，小梦跟着妈妈过。小菲特别喜欢和小梦玩，总是把父母给自己买的零食分给小梦吃，还会送小梦头花等小物品。

一次，小菲的父母给她买了一本图画故事书，非常好看，小菲就拿着书去找小梦，两个孩子一起阅读这本书，非常快乐。父母为女儿有一颗乐于分享的心而感到欣慰。

小菲也经常和父母分享自己的快乐和悲伤。分享快乐，小菲会感到更加快乐；而把不高兴的事同妈妈分享后，小菲就感觉不那么悲伤了。

乐于与他人分享的人，都有一颗乐观、宽容的心。能够把自己的东西拿出来与他人分享，这首先就体现了一种宽广的胸怀。乐于分享的人更容易与他人相处，也能更好地处理人际关系。

现代社会是一个信息化社会，信息化社会有一个显著特征，就是资源共享。一个人如果紧守着自己的一点资源，不懂得把它拿出来和大家分享，那么这点资源就是死的，不能变成活的，更不能增值。

父母要让孩子从小就养成与人分享的习惯，不管是悲伤、快乐，还是物质、知识，都可以拿出来与人分享。分享的好处是，你可以化解掉不利因素，成倍地增加积极因素，同时可以获得朋友的资源，这样你一定会收获更多。

父母在培养孩子分享的习惯的过程中，要以身作则，为孩子树立好榜样。要对孩子加强引导，让孩子体会到分享的乐趣，做到愿意与人分享，乐于与人分享。

孩子都有很强的可塑性，父母要根据孩子的年龄，看待孩子与人分享的态度。不能看到孩子不与人分享就批评孩子，认为孩子是错的。父母要从孩子的角度出发，明白孩子的行为与年龄及经验有关，然后正确对待，不可操之过急。具体该怎么做呢？

（1）不要“逗”你的孩子。当孩子还小的时候，父母不要欺骗孩子的感情。比如，当孩子手里拿着吃的东西，父母问他要一些，而孩子递过来的时候，父母却说：“逗你的，你自己吃吧。”孩子不会区分这样的游戏，重复多了，孩子就会认为根本不用给父母，因为父母是逗他的，不会接受他的东西。这样很难培养孩子分享的习惯，所以当孩子愿意与父母分享的时候，父母一定要愉快地接受。

(2) 鼓励孩子与人分享。无论是吃的、玩的还是用的，父母都要鼓励孩子与人分享。“爱孩子就要给孩子最好的”，这是父母的共识。但是在培养孩子与人分享的习惯时，父母要懂得，“爱孩子就要让孩子把最好的与人分享”，这样才能真正培养孩子与人分享的习惯。

成成的父母给他买了个玩具小火车，他每天在家里玩得不亦乐乎。一天，成成的妈妈的朋友带孩子来家做客，那个孩子看到成成玩得很投入，也想参与进来，可是成成却不搭理他。看那孩子凑近，成成还说：“你一边玩儿去，别碍事。”

妈妈听了很生气，但还是温和地说：“你们一起玩吧，那样会更有意思的，我和阿姨说话，你照顾好弟弟，行吗？”成成立刻答应了。事后妈妈问：“两个人好玩吗？你以后要学会和人分享快乐。”成成点了点头。

孩子有时候会使点小脾气，这时父母要温和地和他说话，鼓励他与他人分享自己的东西。

(3) 让孩子与人分享自己的心情。父母要告诉孩子，可以与人分享的不仅是物质，还可以是心情，要鼓励孩子把高兴、气愤或悲伤的事拿出来与亲人、朋友分享。

鑫鑫考试考砸了，心情很沮丧，回到家就把自己关到屋子里，父母叫他出来吃饭他也不理。父母轻轻敲开鑫鑫的房门，进去和他聊了起来，问他今天怎么了。鑫鑫就把今天考试没考好的事告诉了父母。

父母说："每个人都有失误的时候，这没什么大不了的，下次注意就行了。"鑫鑫把自己的烦恼说了出来，又听了父母的一番安慰，心情好多了，就跟着父母出去吃饭了。

通过诉说的方式把心情表达出来，也是一种分享。父母要让孩子明白，与人分享你的快乐，快乐就会变多；与人分享你的悲伤，悲伤就会减少；多和人分享，生活就会多一些快乐，少一些悲伤。

（4）对孩子的分享说"谢谢"。当孩子给父母分享他的东西或快乐心情时，父母要说谢谢，让孩子感觉到被尊重，感受到分享的快乐。孩子只有感受到分享的快乐，才能不断地与人分享；如果接收不到任何回应，仅仅是自己在付出，孩子下次就会拒绝与人分享。

所以，在孩子与自己分享的时候，父母要对孩子表达出谢意。只有这样，孩子才能感觉到满足，才会产生更多与人分享的行为。

尊重他人就是尊重自己

“人敬我一尺，我敬人一丈。”尊重别人，别人也会尊重你，反之，不尊重别人，别人也不会尊重你。要知道“人与人都是平等的”“尊重别人就是尊重自己”“帮助别人等于帮助自己”。基于这样的理念，尊重他人才能赢得众多朋友的尊重，成就一番事业。要教会孩子尊重他人这种品德，要懂得这种品德并非是天生就具备的，而是父母良好教育的结果。

父母应该尊重孩子。英国著名教育家斯宾塞说过，野蛮产生野蛮，仁爱产生仁爱，这就是真理。如果你对待孩子没有感情，那么他们对待别人同样就没有感情。也就是说，以应有的尊重对待孩子，孩子才会懂得尊重他人。因此，父母在这方面所负的教育义务是义不容辞的。

美国有一个男孩叫斯蒂恩，他住在北达科他州莫特市的一个小镇上。他的爸爸在那里开了个小商店，称之为“我们自己的五金家具店”。斯蒂恩从小就在店里帮忙，这样，他自然就学到了一些从商的技能。

开始，斯蒂恩只是做些诸如打扫卫生、把货物摆到货架上以及包裹材料之类的零活，后来就开始接待顾客了。在这期间，斯蒂恩逐渐了解到这项工作的目的不仅仅是销售和生存。

有一天，父亲给斯蒂恩上的一堂课让他永远铭记在心。那是在圣诞节前，他当时上八年级，只在晚上帮爸爸干活，替爸爸管理玩具部。这天晚上，一个五六岁的小男孩走进商店，身上穿着一件棕褐色的旧衣服，袖口又脏又破，头发乱七八糟，还有一绺头发直直地立在前额上。男孩的鞋子磨损得非常严重，有一只鞋子的鞋带还是断的。在斯蒂恩看来，这个小男孩非常穷，穷得根本买不起任何东西。他在玩具部左看右看，不时拿起一两件玩具，然后又谨慎地把它们放回原来的位置。

爸爸下楼走到小男孩身边，和蔼地问小男孩想买什么。小男孩说他想为他的兄弟买一件圣诞节礼物。爸爸对待小男孩的态度就像接待成年人一样，这给斯蒂恩留下很深的印象。爸爸让小男孩随便看，尽管挑，小男孩确实也这样做了。大约 20 分钟后，小男孩小心翼翼地拿起一架玩具飞机，走到爸爸面前说：“先生，这个多少钱？”“你有多少钱？”爸爸问。

小男孩握着的拳头松开了，手掌因为紧握着钱而留下一道又湿又脏的折痕。手掌展开后，里面有两枚 1 角硬币、一枚 5 分镍币和 2 便士，折合 27 美分。而小男孩选中的玩具飞机价值 3.98 美元。“你的钱正好够。”爸爸说着接过小男孩手中的钱。爸爸的回答至今仍在斯蒂恩耳畔回响。在他为小男孩包裹礼物的时候，他心里一直在想这件事。当小男孩走出商店的时候，他没有再去注意小男孩身上那件又脏又旧的衣服和他乱蓬蓬的头发，以及那只断了的鞋带，他只看到一个怀抱珍宝的容光焕发的男孩。

父亲为什么要赔钱把玩具飞机卖给那个小男孩？因为父亲知道小男孩是想为他的兄弟买一件圣诞节礼物，父亲看重的不是这架飞机能赚多少钱，而是小男孩的爱心，因为大爱无价。父亲为什么不直接把玩具飞机送给小男孩，而是问小男孩“你有多少钱”？因为父亲心里想的不是把玩具飞机施舍给小男孩，而是帮助他用自己的力量去实现自己的爱心。当小男孩展开手掌，数出比飞机价格低得多的 27 美分时，父亲却说“你的钱正好够”，这极大的尊重让小男孩产生了极大的成就感。父亲的一系列行动让斯蒂恩懂得，帮助一个弱者，不是去施舍他，而是帮助他获得自信、获得成就感，这是对人最大的尊重。

斯蒂恩在父亲一言一行的感染下，学会了看人不是“以貌取人”、看他的衣着，而是看这个人的内在品质。当这个五六岁的小男孩刚刚走进商店时，斯蒂恩看到的他是“头发乱七八糟，还有一绺头发直直地立在前额上，鞋子磨损得非常严重，有一只鞋子的鞋带还是断的……”但在父亲的影响下，斯蒂恩改变了他看人的眼光，当小男孩走出商店时，他“只看到一个怀抱珍宝的容光焕发的男孩”。

作为父母要处处尊重别人，成为家庭当中尊重别人的榜样。有一些父母十分喜欢在背后议论别人，嘲笑别人。被嘲笑的人当然不知道，然而这样的行为却给孩子树立了不尊重别人的“榜样”。有的父母把盲人称作瞎子，把一只眼睛失明的人叫作独眼龙，还有的父母喜欢给别人起外号。所有这些不尊重别人的行为都会在很大程度上给孩子带来不良的影响。

培养孩子学会尊重他人的品质，表现在日常生活中就是教导他要学会平等待人、诚实守信、善于助人、宽容大度，形成良好的人际交往习惯。就像斯蒂恩的爸爸用身教的方法教会他要平等待人，不能以异样的眼光来看待别人，这也是一种方式。

不管社会如何发展，观念如何更新，思想怎样进化或开明，相互尊重的美德是不能摒弃的。为人父母者，要教会孩子秉承传统的为人之道、处世之理，让孩子学会尊重他人。因为只有让孩子学会尊重他人，才能使孩子赢得他人的尊重。家长必须教会孩子尊重别人，就像你要别人尊重你一样，你必须承认别人具有和你一样作为一个人应有的权利。必须学会正确对待别人，并且赞扬他们的努力，原谅他们的错误，正如你期待别人赞扬你的努力、原谅你的错误一样。我们应该教育孩子尊重别人的工作、劳动和意愿，让我们的孩子真正做到文明礼貌，还要让孩子学会诚实地表现出对他人或某一事物的欣赏、感激等。另外，家长的言传身教给孩子带来的潜移默化的作用也非同小可，因此，家长一定要注意自己的言行举止，以免给孩子带来不良的影响。

斯蒂恩的例子使我们明白：一个有教养的孩子应该学会尊重别人、帮助别人。尊重别人的人才会受到别人的尊重，尊重别人其实也就是尊重自己。

有的孩子被惯坏了，不懂得替别人着想，有一点儿事不随心就发脾气。这个时候，家长应该怎么做呢？

妈妈带张星嘉去小饭馆吃饭，点了张星嘉最喜欢吃的鱼香肉丝。张星嘉只吃了一口就扔筷子了："什么破鱼香肉丝？都是菜，没有肉丝。"妈妈看了儿子一眼，依然不动声色地吃着。妈妈平时做菜很好吃，又经常出入大餐厅，居然能吃得惯这么难吃的菜？张星嘉心里很纳闷。

"有那么难吃吗？这是小店，不是大饭店，店主人那么热情，价格也不贵，体谅一下吧。不要随便发脾气，要照顾到他人的感受哇。"听妈妈这么一说，张星嘉想到了进门的时候，店主人诚挚而热情的笑脸，又拿起筷子，默默地吃了起来。

这次经历让张星嘉懂得了一个人要时刻体谅他人的感受，不能随意伤害别人。有一次，学校食堂做了笋丝炒肉，很多同学都说不好吃。唯独张星嘉一声不吭地吃光了所有的菜。同学们都感到很奇怪。张星嘉说："昨天土豆炖排骨、炒豆角你们不是都吃得很香吗？偶尔一次不好吃，你们就这样，食堂师傅该多伤心哪！就是神仙做菜，也不能保证每天都合口味呀，不管怎样，我们都应顾及他人的感受！"同学们听了都觉得有道理，于是又都埋头吃饭了。

如果家长能够体谅他人，孩子受家长影响，一般也会善解人意，顾及他人的感受。所以，家长在日常生活中，要尽量做到善解人意、为他人着想，不刁钻古怪，不为难他人，遇到事情宽容大度。

比如，被人误会了，只要澄清了事实，就不要再纠缠下去；在拥挤的地方，被碰了、踩了，只要没有受伤，就不要得理不饶人；别人说话不好听，一笑而过，没什么大不了的，不必较真；亲戚朋友之间，多讲仁爱，为了亲情肯牺牲物质利益，不因为一点儿私利而争执不休……父母是孩子的榜样，父母是什么样的人，孩子就会是那样的人。

要想让孩子顾及他人的感受，家长先要照顾到孩子的感受。孩子在乎的事情，不要觉得无所谓；孩子需要经常和父母待在一起，家长就不要以各种理由让孩子自己在家；孩子渴望和家长交流，把自己的想法说出来，家长就要给孩子机会，耐心倾听，而不是随意打断孩子，甚至嘲笑孩子幼稚、单纯……

李阳晴的妈妈是有名的小提琴演奏家，妈妈希望李阳晴能够继承自己的衣钵。可是，李阳晴告诉妈妈他不喜欢小提琴，他喜欢钻研美食。妈妈已经观察到了儿子在小提琴方面很有天赋，但是她不能不顾儿子的感受，而强制儿子学习小提琴。于是，妈妈告诉儿子："如果你愿意，可以放弃小提琴，学习美食。但是，妈妈希望你坚持练琴。因为练琴并不耽误你钻研饮食文化。"看到妈妈说得那么诚恳，李阳晴尝试一边学习美食，一边坚持小提琴的学习。果然，他发现了自己在小提琴演奏方面的天赋。结果，李阳晴不但成了有名的美食家，还成了著名的小提琴演奏家。

在这个世界上，自己才是最了解自己的人。家长可以帮助孩子去了解他自己，但是绝不可以不考虑孩子的感受。尊重孩子的感受，孩子才会照顾到他人的感受。

在一些家庭事务中，家长要照顾到孩子的感受。比如家长因为工作调动要搬家，要事先跟孩子说明情况，让孩子有个心理准备。选择新家的时候，要让孩子表达意见。这样，才能减少搬家给孩子带来的影响。

有的家长觉得搬家是大人的事，孩子跟着走就行了。这样的想法，是典型的没有考虑孩子的感受的想法。孩子在一个地方生活了几年甚至十几年，对周围环境有了感情，交了很多朋友。陡然离别，会让孩子心情惆怅。如果家长提前告诉孩子，让孩子有个告别仪式，和朋友交换好联系方式等，以后，孩子处理起类似事情来，也会照顾到每个人的感受。

试着当志愿者

志愿者是一个没有国界的名称，指的是在不追求任何物质报酬的情况下，自愿为社会公益活动、赛事、会议等服务的人。

志愿者不受私人利益的驱使、不受法律的强制，是基于道义、信念、良知、同情心和责任感而从事公益事业的人或人群。他们不以谋利为目的，自愿为他人和社会贡献时间、智力、体力和财产。在我国，他们的主要工作有扶贫开发服务、社区建设服务、环境保护服务以及大型活动服务等。志愿者和志愿者工作的含义在于：奉献时间和精力，奉献技术和才华，更重要的是，奉献爱心。志愿者不只用手和脑，还用心帮助别人。他们服务的意义超越了服务本身，他们帮助受援者克服自身的弱点，给受援者带来了信心和希望。同时，“奉献”和“共享”是他们的原则，志愿服务并不是慷慨的富人对穷人的施舍，而是各阶层的人们奉献社会、服务他人的一种选择。他们所得到的回报是受援者一生的友谊和信任。给予和回报增加了人与人之间的包容和信任，建立起了社会公正和稳定的基石。

志愿者的价值和意义并非是金钱所能衡量的。它提供的是金钱无法买到的人间温馨：关怀和帮助，友谊与同情。

先确定自己对什么机构的宗旨比较感兴趣，再决定自己可以付出多少时间——即使一个月只有一个小时也无所谓。然后就抽出这个时间为社会付出，不期待任何的金钱回报。

就多方面而言，付出时间就是回报我们每天都收到但大都视为理所当然的礼物——生命。若要表示我们是一个大团体的一部分，要表示我们彼此都有共通处，付出时间只是一种微不足道的方式。但是，当你付出时间做志愿者时，就表示你肯定那种归属感。

奥运会的工作吸引着精力旺盛的开拓者，更召唤着那些崇尚奥林匹克运动而愿为之奉献的人。事实上，洛杉矶奥运会最辉煌的胜利之一就是广大志愿服务人员的加盟。众多媒体的评论指出："组委会的志愿人员政策，不但为组委会节省了数百万美元，而且促进了人们对奥运会的了解，激发了美国人的奥运激情。"

一位生活在贝艾尔富人区的女士是一名志愿司机，后来

为法国代表团开车。一次正巧有人在贝艾尔宴请法国代表团，客人下车后对她说："你能在这儿等着吗？我们大概需要两个小时。"她说："我回家一趟你们会介意吗？"客人说："噢，那太远了！"她回答："不，我家就在隔壁。"客人看着她的家，才意识到她居住的房子比宴请他们的主人的房子还要富丽豪华。

青春需要在风雨中磨炼，生命需要在奉献中升华。志愿者用不同于别人的方式实现着自身的价值，使人从中懂得了责任的含义，理解了奉献的意义。因为心中有爱，志愿者用自己的双手撑起一片晴朗的天，用自己的生命谱写出人生绚丽的乐章。

坐下来打几个电话，看看你所挑选的几个机构是否需要帮忙，他们一定很乐意接纳你。事实上，当你出现在他们的办公室时，你可能觉得自己好像是世界上最重要的人。

行动起来做一名志愿者，并用这一行动影响自己的孩子，使他成为富有爱心、受人欢迎的人吧！

你要懂礼貌

“有时候，女儿收到别人送给她的礼物时，会太高兴而忘记了说谢谢，这时，我一个眼神望向她，她就会立刻道谢。”

“上次，带女儿去朋友家拜访的时候，女儿没有经过允许就乱碰人家的东西，还随便要零食吃。一回家，我立即批评了她，从此以后她再也没有这么无礼过。”

这些都是父母对孩子进行礼貌教育所取得的“成果”。但是这样的“成果”背后真的没有隐患吗？如果真的没有丝毫潜在的危机，那么为什么有的孩子小时候乖巧可爱、讲文明、讲礼貌，大人说什么他听什么，但长大后，往往变得叛逆，同时小时候的那些礼貌行为也随风而逝？由此可见，在这种让父母们欢欣鼓舞的教育“成果”背后是存在隐患的。

当父母对孩子进行严格约束和管制的时候，之所以能收到立竿见影的效果，是因为孩子天性十分注重父母及他人对自己的评价，将自己与他人的“关系问题”看得很重。当父母直接斥责或管束孩子，告诉他这样做不可以，那样做没礼貌的时候，为了让父母及他人能够对自己有正面的评价，孩子往往都会压抑自己的本性，勉强自己去顺从父母的要求，但是他并不知道为什么这样做不对，为什么不能这样做。由于长时间的自我压制，孩子一旦进入青春叛逆期，一直被压抑的无礼的行为就会呼啸而出，甚至有可能从有礼的孩子变成无礼的人。

比如，当父母在谈话的时候，孩子却毫无礼貌地打断或者插话。作为孩子的父母，你是怎样教育孩子要懂礼貌的呢？这个时候，有的父母会非常愤怒地对孩子说：“大人说话，小孩插嘴太无礼了，以后不许这样。如果再犯错我就不再喜欢你了。”有的父母会平和地说：“你也有话要说吗？可是能让妈妈（爸爸）把话先说完吗？”

生活中，大多数父母会采取前一种做法。但父母却忘了，自己在制止孩子插话的无礼行为时也打断了孩子说话，同样也做了无礼的事。这样，孩子即使表面服从了父母，但内心深处仍然不明白插话到底错在哪里，因此不会认为插话是不正确的事。相反，后一种做法不仅制止了孩子的无礼行为，而且让他感受到说话被人打断是一件让人不愉快的事情，从而让他明白这样一个道理——每个人都不喜欢别人打断自己说话，推己及人，插话的行为是大家都不喜欢的，是不对的。

家庭教育要想有好的效果，固然要令行禁止，但是父母“说一不二”的同时，对孩子的礼貌教育更是要深入到孩子的内心之中，这样才能让孩子真正懂得什么是礼貌，并心甘情愿地讲礼貌，做有礼貌的人。具体地说，在对孩子进行礼貌教育的时候，父母可以从以下这些方面来努力。

(1) 增强讲礼貌的家庭氛围，多在家中使用“敬语”。许多父母在外面非常注意自己和孩子的敬语使用情况，会时时提醒孩子说“请”“谢谢”“对不起”等，但回到家关起门来的时候，要么放松了对孩子的要求，要么自己不注意使用敬语为孩子做榜样。这样家里家外两个样，是非常不恰当的。要知道，真正的礼节源于习惯。因此，父母对孩子进行礼貌教育，首先要做到的就是让孩子无论在家还是在外都讲礼貌，让礼貌的习惯一直延续下去，直至它变成一种不可逆转的力量。同样，父母在家中要注意讲礼貌，要多使用敬语，也是为了帮助孩子养成讲礼貌的习惯。

妍妍的妈妈最近烦恼透了，因为妍妍不讲礼貌的行为更加严重了。妍妍情急之下，竟然对着妈妈喊出了“笨蛋”两个字。在和妍妍的爸爸商量后，两人决定在家里开展一场讲礼貌的活动。当需要他人帮助的时候，无论是爸爸还是妈妈都会说“请”“好吗”，得到了帮助说“谢谢”，被感谢了也会说“不客气”……一时间，家里总能听到“请”“劳驾”“对不起”等礼貌用语。

忽然有一天，原本总是像“妈妈，你快点帮我洗这件衣服”这样命令别人的妍妍学会了礼貌地请求别人，妍妍说：“妈妈，请帮我洗这件衣服吧，它太大了，我洗不动。”

就这样，妍妍的妈妈和爸爸用活动的方法成功地培养了女儿讲礼貌的习惯，让女儿成了彬彬有礼的小淑女。

（2）在培养孩子讲礼貌的过程中，引导远远强过强制。孩子有时就像花苗和树苗一样，强制就如同揠苗助长，会对孩子的成长产生不利影响，而循循善诱才能够让孩子健康快乐地成长。嘉嘉的妈妈是这样引导孩子的：

嘉嘉7岁生日的时候，姨妈送了嘉嘉一个很漂亮的芭比娃娃。嘉嘉一看，也顾不上什么礼貌不礼貌了，迫不及待地就去拆包装。嘉嘉的妈妈看到女儿这样无礼，虽然眉头也皱了起来，但是并没有像其他父母一样呵斥女儿，而是对嘉嘉说："嘉嘉，姨妈送了你这么漂亮的礼物，你是不是应该向姨妈说谢谢呢？"嘉嘉听了妈妈的话，马上开心地说："谢谢姨妈，您送的礼物我好喜欢哪！"

嘉嘉的妈妈不仅为女儿做了榜样，引导女儿懂礼貌，而且告诉了嘉嘉道谢的理由。这样的培养方法确实很值得父母借鉴。

（3）引导孩子进行换位思考。在对孩子进行礼貌教育的过程中，父母可能会碰到不能用讲道理的方式说明白某件事情的情况，这时，父母不妨引导孩子进行换位思考。

◇ 与人为善 ◇

如果家长能够体谅他人，孩子受家长影响，一般也会善解人意，顾及他人的感受。所以，家长在日常生活中，要尽量做到善解人意、为他人着想，不刁钻古怪，不为难他人，遇到事情宽容大度。

高情商家教思维

1. 如何帮孩子经营好自己的朋友圈?

2. 如何让孩子学会与人分享?

3. 在日常生活中如何培养孩子尊重他人的品质?

4. 你带领孩子或者让孩子去做过志愿者吗? 有什么收获?

5. 怎样对孩子进行礼貌教育?

孩子，你要全方位地培养自己的能力

培养自己的思维能力

钟乐是个初中一年级的孩子，他喜欢读书，可每次读书都不求甚解，这让父母非常头疼。

有一次，钟乐放学回家便开始在书房里写作业，写着写着，遇到了一道比较难的数学题，他琢磨了两分钟没有解出来，便想去翻看该题的答案。

一旁的妈妈劝他："你先好好想想，把所有的已知条件都考虑到，看看自己哪些地方不明白，在哪里被难住了，如果这样还是没有想出解题方法再看答案也不迟呀！"可是钟乐却不肯听妈妈的话，他还振振有词地反驳道："我看答案是为了认真地研究正确的解题步骤，这样不是能节省时间吗？我一会儿还想看《居里夫人传》呢！"

妈妈无奈地摇摇头，对他说："你认为自己很认真，事实上你把思考这个重要的过程忽略了，只看别人的解答过程怎么可能使自己的解题能力得到提高呢？"钟乐不相信，硬是自己对照着答案看起来，还不断地说："我其实应该能想到的，唉！"妈妈在一旁更是不知道该说什么才好。

思维能力是指根据事物的表象进一步进行思考、分析、推理并发现事物内在联系的能力。人的思维活动是一种高级的智力活动。思维是智力的核心，也是考察一个人智力高低的主要标志。人的一切创造性活动都与思维有关，恩格斯曾把"思维着的精神"称为"地球上最美丽的花朵"。无论对社会的发展还是个人的发展，思维都是非常重要的。

思维能力对于学习、工作、生活任一方面都具有重要的意义。每个人都有一定的思维能力，但是存在着个体差异，因此有的孩子做题快，有的孩子做题慢。但是思维能力的提高完全可以通过父母有意识的教育和引导来完成。

像钟乐这样的孩子并不少见，他们爱好广泛，总有做不完的事情。他们非常努力地学习，却往往难以取得好成绩，原因就在于他们忽略了思考这个需要花费时间和脑力的过程。当他们不能很快地解出题目时，便只想对照着答案来解题，这样不利于他们发挥自己的潜能，解题能力自然得不到提高。

钟乐的问题在于缺乏思考能力，他不习惯通过自己思考得出正确答案。因此，父母在孩子小的时候就应该引导他们进行思考，不轻易放过每个疑问，更不能得到答案就罢休。当父母在指导孩子做题时，答案并不是最终所追求的，最重要的是在孩子做题的过程中培养孩子思考的习惯和能力。父母可从以下几个方面培养孩子的思维能力。

(1) 在游戏中引导孩子进行思考。游戏和玩具是孩子的最爱，也是最容易激发孩子学习兴趣的东西。许多父母认为游戏与学习是完全对立的，为了不影响孩子的学习，他们禁止孩子玩游戏，于是造成了学和玩两面都不得益的结果。事实上，如果在孩子游戏时父母能够加以正确引导，也能培养孩子的思考能力。

马小阳今年10岁了，刚刚上小学四年级。他是个非常擅长思考的孩子，因此学习成绩非常好。

小阳的父母一直很注重培养儿子的思维能力，但他们并没有强迫他，而是在他游戏时对他进行正确引导。在小阳一岁时，父母就经常和小阳一起玩拍手的游戏，并把童话故事编成歌在拍手时按照节奏念出来。父母还经常跟儿子一起玩

猜谜的游戏，在无形之中锻炼了儿子的思考能力。

父母可以利用孩子喜欢游戏的天性，对其进行有意识的引导。每天晚饭后，父母可以利用休息时间陪孩子一起玩猜谜语的游戏，也可以让孩子出题来考父母，还可以鼓励孩子根据原来的谜语改编出一个新的谜语，等等。

（2）鼓励孩子多提出问题。爱因斯坦曾经说过“发现问题比解决问题更重要”，如果连问题是什么都没有发现，就根本谈不上解决问题了。许多教育工作者曾感慨现在的孩子好像什么问题也没有，似乎什么都懂，但是一到考试又什么都不会。由此可见，鼓励孩子发现问题更能培养他们的思考能力。

佩佩今年11岁，非常擅长思考，因此学习成绩很好。

父母在她小的时候就经常鼓励她提出问题，告诉她解决问题的前提就是发现问题，并且说没有问题就不能学到新的知识。

在父母有意识的培养下，佩佩的思维一天比一天缜密，思考能力越来越强。

当孩子做作业遇到难题时，父母要鼓励孩子把有疑问的地方写到草稿本上，然后逐个解决，如果实在不能解决，也要告诉孩子在参照答案时要特别注意自己存疑的地方。当孩子预习功课时，要让孩子把问题记录下来，等到老师讲课时就特别注意那些有疑问的地方。

(3) 让孩子也当回小老师。教育界流行一句名言“教比学更快”。事实上，老师在讲课之前准备的时间远不止一课时，除非老师已经把相同的知识讲了很多年。在平时的家庭教育中，父母也可以让孩子当回小老师，在家庭课堂中实现师生互动，培养孩子缜密的逻辑思维能力。

芳芳是个三年级的孩子，今年9岁。芳芳的学习成绩很好，非常擅长思考和分析，说起话来也不像个小孩子，每句话之间的逻辑性都很强。

芳芳的妈妈是一位中学老师，她经常让芳芳把学到的知识给自己讲一遍，并指出芳芳没有讲明白的地方。芳芳在给妈妈讲课的时候往往就会注意到自己没有掌握的地方，并根据妈妈的反馈进行反思。因此，芳芳的逻辑思维能力得到了很大提高。

父母应该鼓励孩子给父母当小老师，让他把自己学到的知识进行大串联，那么任何有疑问的地方都难以逃出这位“小老师”的法眼了。父母在听孩子讲课时，一定要认真，要表扬孩子讲得好的地方，指出孩子讲得含糊不清或者讲错的地方，引导孩子进行反思。

(4) 培养孩子的分析和推理能力。思维的核心在于分析和推理，而让孩子经常分析和推理也能让他形成缜密的思维，两者相辅相成，互相促进。

在生活中，父母应该要求孩子每得出一个结论都必须提供理由和事实来证明，或者让孩子根据自己的所见所闻和搜集的资料分析得出结论。父母不要直接给出题目正确或标准的答案，而要培养孩子分析和推理的能力，只要孩子有道理，就要肯定。

(5) 帮孩子克服心理定式。心理定式是许多人容易犯的错误，也是生活经验经常给人的误导。心理定式的产生源于孩子没有用心分析事物和情境的差别，而直接用已有的知识和经验来分析可能发生变化的情况。

父母应该帮助孩子克服想当然的心理定式，引导孩子观察相似事物或者情境之间细微的差别，从而做出正确的判断，克服心理定式。

你要有自己的奋斗目标

1984年，在东京国际马拉松邀请赛中，名不见经传的日本选手山田本一出人意料地夺得了世界冠军。全世界的人们都很好奇：他凭什么取得如此惊人的成绩？记者请他谈经验，看似木讷的山田本一只说了这么一句话：“凭智慧战胜对手。”记者认为这个偶然跑到最前面的矮个子选手在故弄玄虚，参加马拉松需要靠体力和耐力才能夺得冠军，说用智慧取胜，好像太勉强了。

两年后，意大利国际马拉松邀请赛在米兰举行，山田本一再次代表日本参加比赛。在异国他乡，他又压倒了所有的对手获得了世界冠军。记者又采访他，山田本一不善言谈，他的回答依然还是那句话：“凭智慧战胜对手。”这次，记者没有在报纸上挖苦他，但对他所谓的智慧仍旧迷惑不解。

10年后，这个谜底终于被揭开了，山田本一在他的自传中做了如下解答：起初，我把我的目标定在40多公里外那面

代表胜利的旗帜上，结果我跑到十几公里时就疲惫不堪了，因为我被前面那段遥远的路程给吓倒了。后来，在每次比赛之前，我都要乘车把比赛的线路仔细地看一遍，并把沿途比较醒目的标志画下来。比如第一个标志是某家银行，第二个标志是一棵大树，第三个标志是一座漂亮的红房子……一直画到赛程的终点。比赛开始后，我就朝第一个目标冲去，等到达第一个目标后，我又向第二个目标冲去。40 多公里的赛程，就这样被我分成这么几个小目标轻松地跑完了。

孩子，成功的秘诀是不停地向每一个目标前进。目标是人生的指南针，指引着人们前进的方向。如果一个人没有目标，就会像一艘轮船没有舵一样，只能随波逐流，最终搁浅在海滩上。但是，不知道你有没有想过，如果盲目制定不合理的目标，不仅不会促使我们走向成功，反而会让我们失去奋斗的兴趣和斗志，离成功越来越远。也就是说，我们要把宏伟的目标分成合理的小目标，脚踏实地地一一去实现，这样就会一步一步走向成功。

每一次的成功都需要经过大量的努力甚至付出代价才能实现。如果你因害怕失败而不敢迈出第一步，那么你就永远不会成功。迈出了第一步，再勇敢地迈出第二步，第三步……我们终将收获到丰硕的果实。

孩子，我希望你在生活中，能够做到以下几个方面：

(1) 把大目标分成多个小目标，然后一个一个去实现这些小目标。正如爬山一样，爬上山顶是一个大目标，但是如果只盯着这个大目标，可能就会感觉目标遥远，实现起来有些困难；而如果把山上的一棵树或者一个大石块当作一个小目标，然后坚持不懈地去实现多个小目标，那么登上山顶就会比较容易了。

(2) 要有具体的行动规划。没有规划的人，就如同没有航线图的航行者，不知身在何方，目的地在何处，即使非常忙碌，也不会有什么成效。一个整体的规划可以让你的头脑里有一个清晰的蓝图，然后根据这个蓝图制订出具体的行动计划，从而让你的行动更科学、更有效。

学会言行合一

孩子天生感情丰富，爱好广泛，加上孩子的好奇心比较重，所以他似乎什么都想学，可是却很少有一种兴趣能让他坚持到底。父母想指出他的毛病，又担心他年龄小接受不了，从而不知道该怎么帮助他。

从心理学角度看，缺乏毅力是坚持不下去的重要原因。缺乏毅力的一个比较突出的表现就是做事情虎头蛇尾，难以坚持，尽管蓝图设计得无比美好，最后却因缺乏动力而以失败告终。

凭借毅力可以征服世界上的任何一座高峰。缺乏毅力的人注定是不会成功的。父母应该注重培养孩子的毅力。非凡的毅力不是天生的，它需要后天的培养。孩子是否能够做到言行合一，长大后在社会上有一番作为，完全取决于父母对他的培养。具体应该怎样做，父母可以参考以下几点。

（1）要求孩子一旦有了计划就一定要付诸实践。父母要对孩子的计划负责，帮助他看看计划究竟有没有成功的可能性。好高骛远、缺乏经验都有可能让孩子的计划制订得过大而实现不了。所以在孩子有了大目标后，父母就应该帮孩子确立短期目标。心理学中有一个“爬山法”，就是将长远的大目标分解为短期的小目标，然后一步步去实现，这样不至于在实现大目标的过程中因觉得毫无希望或者暂时看不到成果而缺乏动力。打个通俗的比方，爬山的时候，如果总是看山顶，会因为终点太远而丧失信心，但是如果把这段路途分成一个个小段，爬起来就有信心了。

(2) 要求孩子一旦开始行动，就要坚持到底。父母可以在孩子行动之前给予其支持和鼓励，同时与之约定好，一旦放弃，就要受到惩罚。这种惩罚一定要“投孩子所好”，倘若孩子喜欢吃冰激凌，那么就可以将少吃多少个冰激凌作为惩罚。同时，在孩子沮丧、苦累的时候，父母们一定要及时给予其鼓励和安慰。

(3) 父母要给孩子做个好榜样。心理学家指出，孩子在成长的过程中，获得行为习惯的主要方式之一就是模仿。而他们模仿的对象首先就是自己的父母。父母的言行举止，在很大程度上会影响到孩子的观念和行为。但是，在现实中，父母往往很难统一自己的言行，更谈不上教育孩子了。爸爸嚷着要戒烟，却一直没有成功。妈妈总是说要减肥，却从来都不肯付诸行动。这样的“榜样”会给孩子传达这样的信息：很多人言行总是不一致。

父母要注意自己的言行。答应孩子的事情就一定要做到。不能给孩子开“空头支票”。比如，父母答应孩子，如果他这次考试取得了好成绩，就带他出去玩，那么就一定要履行自己的承诺。记住，千万不要把自己兑现不了的承诺改到“下一次”。

（4）通过日常生活中的小事来锻炼孩子的毅力。只有经过历练的孩子，才会变得更健康，也更坚强。所以，父母不妨让孩子积极参加适宜他的体育锻炼。锻炼身体，不仅可以增强体质，同时也可以提高孩子的心理承受能力和毅力。孩子遇到困难时，家长要多鼓励，让孩子有个积极的心态。孩子在完成一项任务的过程中，总会遇到困难和挫折，这时作为父母就要多多帮助、鼓励他，让孩子有勇气渡过难关。在这个过程当中，孩子的毅力也得到了很好的锻炼。

养成诚信的好习惯

有这样一句名言："没有谁必须成为富人或伟人，也没有谁必须成为一个聪明的人，但是，每个人都必须做一个诚信的人。"诚信是做人的根本，只有拥有这种品质，才能获得别人的尊重，才能获得别人的信任。诚信是做人的根本，是一个人拥有的最宝贵的财产，它能让你挺直腰杆做人，还能让你获得成功。

每个家长都希望自己的孩子诚实守信，不想让他们说谎话。当孩子出现不诚信的行为时，父母应该从孩子的认知上找原因，不要只是对孩子非打即骂。父母应该从小就对孩子进行诚信教育。那么，孩子的诚信品质该如何培养呢?

(1) 对孩子进行诚信品质方面的教育。诚信是一个人做人的根本，父母应该加强对孩子诚信品质方面的教育，要教育孩子从小就守信用、负责任。让孩子知道，一个人如果言而无信是难以在社会上立足的。父母需要借助实例对孩子进行诚信品质教育，给孩子讲诚信的故事，让孩子懂得诚信的重要性。

美国华盛顿州的一个市，10岁的杰瑞正与小朋友们在家门口的空地上玩棒球，一不小心把别人家的车窗玻璃给打碎了。看到闯祸了，小朋友们都四散而逃了。杰瑞却呆呆地站立了一会儿，决定去向邻居认错。邻居见杰瑞认错，立刻就原谅了他，但还是把这件事告诉了杰瑞的父母。当晚，杰瑞向父亲表示，他会自己挣钱来赔给邻居。

第二天，父亲就陪杰瑞去找邻居，杰瑞告诉邻居自己愿意赔偿。听了杰瑞的话，邻居笑着说："你这么诚实，而且又勇敢地承担了自己的责任，我怎么好意思要一个小孩子赔偿呢？我乐意将这辆汽车送给你作为奖赏，反正我也不打算要这辆车了。"因为杰瑞年龄不够，还不能开车，所以父母暂时替他保管了这辆车。后来，他经常倚在邻居送的那辆车旁边说："我真想快快长大，这样就能开这辆车了。"他接着还说："经过这件事，我更加懂得诚信是可贵的。我以后要一直做一个诚实的人。"

如果孩子付出了诚信，那么自然会收获他人的信任。相反，假如孩子虚伪做人，那他收获的也是虚伪。当然，家长要从小就开始培养孩子的诚信品质，而且还要坚持不懈。教导孩子在出现错误时要勇敢承认，接受批评，不要隐藏。对于社会上那些不诚信的行为，父母要进行批判，要让孩子知道，不诚信做人肯定是要遭受惩罚的。只有这样，孩子才能成为诚实守信的人。

（2）满足孩子合理的需要。父母要仔细了解孩子内心的需要。当孩子向父母讲述了他的需要以后，父母应该跟孩子一块儿分析他这些需要的性质。如果需要是合理的，父母就要及时满足；如果需要是不合理的，就要明确告诉孩子这些需要不能被满足。如果父母也无法分辨这些需要是否合理，可以请教别人然后教给孩子。

当孩子不诚信时，父母一定要告诉孩子这种做法是错误的，要严肃地向孩子讲明道理。同时，父母还可以告诉孩子在人际交往中讲信用的作用，让孩子明白做一个诚信的人是很重要的。一定不要因为孩子年龄还小就无限放纵他们，这样对孩子未来的发展是不利的。

（3）相信孩子。我们常常会看到这样的父母：他们要求孩子吃完饭后在房间里学习半小时，结果却每隔五分钟就进去看一下孩子是否在偷懒；他们让孩子去买东西，不过又总是担心孩子乱花钱。父母这么做，往往会导致孩子用撒谎来反抗。父母的无端猜疑，只会让孩子做更多错事。

（4）父母要敢于承认错误。日常生活中，父母难免会出现一些不诚信的行为。如果出现这种情况，父母一定不要高高在上，要虚心跟孩子认错，以身作则。

妈妈曾告诉南南说，如果说谎话的话他的鼻子就会变长，南南也对此深信不疑。有一天，南南在学校里又听到了这个故事，于是回家告诉妈妈说："妈妈，我肯定不会说谎话的，因为撒谎的人鼻子会变长的。所以爸爸妈妈也不要说谎话。"这时，妈妈觉得有必要给南南讲讲关于故事真实性的问题。于是妈妈对南南说："孩子，这其实只是一个故事。实际上，这根本不会实现的。"

南南顿时迷惑了："那我们是不是就可以说谎了呢？"

"当然不是了，"妈妈回答，"一个人不能撒谎，他说

了谎话后就会失去朋友，这是件更令人害怕的事。”

年幼的南南这才真正懂了，原来这个故事是假的，它只是教育孩子要做诚实的人。

◇ 勇于实现自己的目标 ◇

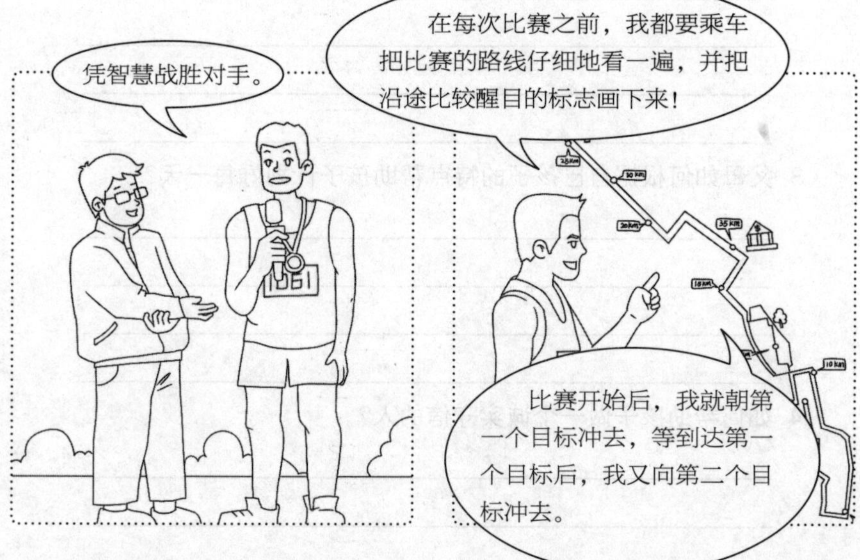

如果一个人没有目标，就会像一艘轮船没有舵一样，只能随波逐流。如果制定不合理的目标，不仅不会促使我们走向成功，反而会让我们失去奋斗的兴趣和斗志，离成功越来越远。把宏伟的目标分成几个合理的小目标，脚踏实地地一一去实现，这样就会一步一步走向成功。

高情商家教思维

1. 如何培养孩子的思维能力?

2. 如何帮助孩子建立目标和实现目标?

3. 父母如何根据自己孩子的特点帮助孩子计划好每一天?

4. 如何帮助孩子做一个诚实守信的人?

第六章

孩子，你要热爱学习

培养自学能力

爱迪生一生一千多项科技发明的巨大成就令世人惊叹。实际上，他是在母亲的指导下，自学成为发明大王的。父母在指导孩子学习时，如果能重视对孩子自学能力的培养，将对孩子的学习产生重要的影响。可以说，学习成绩优秀的孩子，自学能力都是比较强的。许多孩子成绩总是提不上去，很大的原因就是自学能力较差，因为在强制条件下学习很难有大的成效。

让孩子在学习中掌握真正的自学本领，这比加班加点去记忆大量现成的知识更为重要。因为一个人即使掌握了知识也可能遗忘，而学习的能力却不容易丧失。

那么，学生的自学能力表现在哪些方面呢？

有关专家认为，学生的自学能力主要表现在以下几个方面：有独立阅读的能力，善于抓住教材的中心，能够看懂教材；有分析问题的能力；有会听课、记笔记的能力；有会预习、复习和做单元小结的能力；有科学支配时间的能力，会制订学习计划；有一套适合自己的良好学习方法。这些能力，可以通过平日在学校学习的几个基本环节的训练来培养，家长主要是监督孩子在学习中掌握和遵循学习的周期，培养孩子主动学习的能力。这样，既可以使孩子掌握知识，又可以提高他们的自学能力。

像世界万物运动都有一个周期性规律一样，孩子的学习也有一个周期性规律，这个周期是由预习、听课、复习（包括总结）、作业四个主要环节组成的。可是现在有不少孩子只注重听课、作业两个环节，而把预习和复习两大学习环节当成可有可无的事。如果你的孩子也是这样，请赶快帮助他把学习活动纳入周期性学习轨道，切不可置复习和预习两个环节于不顾。因为这四个学习环节是紧密相关、互相影响的。如果孩子能把各个学习环节联系起来，形成周期性循环，一环紧扣一环地认真学习，则顺应了学习活动的规律性，会产生更大的效应与作用。例如，预习的效果好，听课时就有目的性，听课效率就高，就为学习新知识创造了条件。这样循环发展，既学了知识又培养了自学能力，一举两得。

我们正处在一个科学技术日新月异的新时代，需要学习的知识越来越多。面对这样的形势，父母需要培养孩子独立获得知识的本领，即培养孩子的自学能力。自学能力是一项基本功。如果能在孩子小的时候就注意培养其自学意识并让其掌握自学方法，将让孩子终身受益。可想而知，父母着眼于孩子自学能力的培养是多么重要。

宸宸是一个乖孩子，每天回到家，总是认真把作业做完了才去做别的事情。尽管这样，宸宸的成绩还是上不去。爸爸问宸宸无法进步的原因，宸宸想了半天，最后无奈地说，自己也不知道是怎么回事。爸爸只好去学校找宸宸的班主任。班主任说："我发现宸宸不太喜欢学习。我上课提问时会发现，宸宸根本就没有预习过，他对课文的理解和记忆显然要比那些做过预习的孩子差一点。问他原因，他就说，似乎提不起兴趣来。"

这天回到家，爸爸对宸宸说："宸宸，你知道达尔文是怎样成为科学家的吗？"宸宸摇摇头。

爸爸说："达尔文的爸爸是个医生，本来希望达尔文子承父业，可达尔文并不喜欢学医。达尔文在爱丁堡大学学了两年医学后，他的爸爸又送他到剑桥大学改学神学，可达尔文还是没兴趣。但在剑桥大学期间，他结识了当时著名的植物学家亨斯洛和地质学家席基威克。在这两人的影响下，达尔文发现了自己的兴趣所在——科学。毕业后，达尔文自费参加了一次环绕世界的科学考察航行，先在南美洲东海岸的巴西、阿根廷等地和西海岸及相邻的岛屿上考察，然后渡过太平洋至大洋洲，继而越过印度洋到达南非，再绕过好望角经大西洋回到巴西，最后回到英国。航行结束后，达尔文结合考察笔记和研究心得，于 1837 年 7 月开始进行《第一本笔记》的写作，其内容就是后来《物种起源》一书的原始材料。1859年，《物种起源》出版，轰动了全世界。儿子，达尔文为什么会成功呢？”

宸宸说：“因为他对科学有兴趣。”

爸爸笑着说：“对！儿子，兴趣是最好的老师。那么你的兴趣是什么？”宸宸噘着嘴说：“我不知道。”

爸爸摸着宸宸的头说：“没关系，兴趣是可以慢慢找到的。”

不久，爸爸带宸宸去参观了各种展览馆，如博物馆、美术馆，有时候还带他去音乐会。宸宸的卧室也添了一些“新成员”，例如《十万个为什么》、望远镜、地球仪等。宸宸每天做完作业后不再急于打开电视看动画片了，而是先钻进自己的卧室用望远镜观察一下星空，再看一会儿书，有不懂的问题就记下来请教爸爸或者老师。通过看书，他学到了许多新鲜的知识，也结交了更多的朋友，变得更加自信了。

慢慢地，宸宸开始自觉地学习，养成了每天预习和课后温习的好习惯，并且喜欢向老师和父母问问题了。这样坚持一段时间后，宸宸不仅考试成绩有了很大的提高，还增加了很多课外知识，没事的时候还喜欢考一考爸爸自己新了解的知识呢。

案例中，爸爸通过给宸宸讲故事，告诉孩子兴趣的重要性，而且为孩子创造了很多学习的条件，给孩子提供了更多选择的机会，让孩子对学习产生了强烈的兴趣，孩子的学习成绩自然就提高了。

爱因斯坦说："兴趣是最好的老师。"兴趣可以激发情感、培养意志，兴趣可以唤起某种动机、改变某种态度，兴趣可以激发学生学习的积极性与主动性。实践证明，学生在有兴趣的情况下，注意力集中，记忆东西牢固，思维活跃、敏捷。孩子的学习兴趣越大，积极性就越大，自然会专注地学习，越学越好，越学越快，反过来又促进了他的学习兴趣，形成良性循环；反之，当孩子对一样东西不感兴趣时，自然会有排斥心理，不愿意接触它，越学越差，越差越没自信心，对学习丧失了兴趣，从而形成恶性循环。

孩子有学习兴趣，就有独立学习的内在动力，便会主动、自觉地去学习，成绩自然就提高了。孩子学习的兴趣需要家长和老师的培养和激发。兴趣的培养和摧毁都很容易，老师和家长一定要注意多鼓励孩子，小心地维护孩子的学习兴趣。

自学是主动学习而不是被动学习，是最有效的学习方式，能促使孩子积极思考，是一个让孩子终身受益的好习惯。而我们现在的孩子，大多数不善于自学，对自学没有兴趣，加上孩子一有什么难题，父母教不了的就请家教教，完全不懂得激励孩子自己去寻找答案，这对孩子将来的发展是很不利的。培养孩子的自学能力应该从培养孩子的兴趣入手。

那么孩子的学习兴趣应该如何培养呢？

（1）认真探询、研究孩子的问题。家长不应该不问青红皂白，看到孩子成绩差就大骂一顿，怪孩子不努力，不认真，而应该仔细地了解这些现象背后的原因，找出孩子的问题，和孩子一起解决。例如案例中宸宸的爸爸，看到孩子的问题后并没有责备他，而是主动了解到原因后耐心地开导孩子，并且努力为孩子创造条件，从而让孩子从被动学习变成主动学习。

（2）帮助孩子实现目标，让满足感引导兴趣。兴趣是建立在一种满足感上的。如果学生对所学的知识一窍不通，他就缺乏学习的动力。如果他能够克服一些困难，独立解决学习上的问题，这种成就感和满足感就会促使他更深入地钻研学习，最终克服各种难题。因此，当父母发现孩子对学习失去了兴趣时，就可以想办法为他制定一些小目标，让孩子在实现那些小目标的时候获得心理满足感，享受成功的快乐，从而重拾信心，建立对学习的兴趣。

（3）间接培养，激发广泛兴趣。有的时候，孩子对学习的逆反心理非常严重。这时候你劝也没用，只会引起孩子的反感。那就应该培养孩子间接的兴趣，发展他目前感兴趣的东西。在孩子原有的基础上，帮他发展已有的兴趣，并巧妙地将这些兴趣延伸到学习上。除了学习，孩子可能还有很多兴趣，家长应该鼓励孩子发展广泛的兴趣，在孩子感兴趣的问题上，让孩子学习如何克服困难，消除孩子的恐惧心理，然后将一部分精力放到解决学习的问题上来，这样孩子的心灵得到了满足，才更容易面对问题。

上五年级的谢永因为数学成绩不好而十分自卑，老师看到这种情况，就让他当数学科代表，同时常常表扬他的长处。时间长了，谢永不但擅长的科目保持着很好的成绩，而且数学成绩也提上去了。

(4) 学会倾听，多些正面期待。信任孩子，用正面的期待激励孩子，让孩子在感情上觉得自己是被支持的。当孩子告诉你，他怎么学都学不好的时候，不要和孩子讲大道理，而要去聆听并理解他的感受。孩子把负面的情绪释放出去之后，不要加强他“我很差”“我不如别人”这样的想法，而是帮他淡化这些念头。多鼓励孩子，让孩子克服胆怯、自卑的心理。

(5) 随时关注，给孩子适当的帮助。当孩子遇到学习上的困难时，父母不能代替孩子去解决问题，但一定要及时给予孩子适当的帮助，不能忽视孩子的问题，等到孩子酿成大错，就为时已晚了。孩子需要帮助的时候，为孩子创造一个良好的学习环境，帮助孩子建立一个友善和谐的关系圈子，或者给孩子寻找心理老师进行引导。

莹莹本来很爱学习，但是她的新同桌却总是欺负她，让她帮忙抄作业等。她敢怒不敢言，也不敢告诉父母或老师，结果慢慢变得厌学了，成绩一落千丈。后来父母了解了之后，向老师反映了情况。老师批评了莹莹的同桌，并给莹莹调换了座位，还给予她更多的关心，莹莹便很快恢复到过去的学习状态了。

敢于提问题

“学起于思，思源于疑。”从古到今，很多发现、创新都是由疑问开始的。所以古人才说：“学贵有疑，小疑则小进，大疑则大进。”质疑就是提出问题，它可以让孩子更加有目的地去学习，引导孩子更加深入地理解课文，让孩子主动去研究、去发现，激发孩子的思维。

一切新的认识和发现都是从提问开始的，提问是一种创新，也是一种学习的方法。不善于提问的孩子，在学习中也不会有创新的精神。所以作为家长，要鼓励孩子在学习的过程中多提问，在提问中学习，在提问中探索，在提问中提升自己的学习能力。

爱因斯坦曾经说过：“提出一个问题，往往比解决一个问题更重要。”爱因斯坦得出的结论是：“妨碍青年人用诧异的心情去观看世界的那种学校教育，完全不是通向科学的阳光大道。”绝大多数的科学家、物理学家，甚至其他领域的人，对牛顿的空间和时间的公式都深信不疑，而爱因斯坦却尝试对它不信任，提出了新问题，从而创立了相对论，在科学领域取得了巨大成就。

让孩子在学习的过程中发现问题，提出问题，比在课堂上回答老师设计出来的问题更有激发作用，更能吸引孩子的注意力。让孩子多提问，主动提问，从根本上改变孩子对老师和家长的依赖，消除孩子在学习中的被动心理，让孩子成为知识的探索者，把学习的潜力充分发挥出来。正如叶圣陶先生所说："上课之时主动求知，主动练，不徒坐听老师之讲说。"只有让孩子用自己的方式去学习，孩子才会在今后的道路上更有主见，长大后才会拥有独立生活的能力。

小华平时非常喜欢提问题，在每一节课上都要问老师很多的问题，回家后也要围着父母问这问那，父母有时候被问得都无法回答。有一次开家长会，小华的父母找到他的老师问："孩子上课的时候是不是有非常多的问题？"老师微笑着点点头。而小华的父母担心孩子总是有这么多的问题，是不是因为他比较笨。这时候，老师却说："小华的这种'打破砂锅问到底'的钻研精神非常好，很值得表扬，家长不要担心。多提问题是好事情，今后，随着学习的深入，孩子的问题会越来越多，问题的层次也会不断提高。"

勤学好问是一种非常可贵的精神，是一个优秀的学生应该具备的学习品质，家长不仅不用担心，而且应该鼓励孩子多提问，发扬爱提问的精神，养成爱提问的习惯。

孩子提出问题不仅是他获得知识的前提条件，更是孩子科研、发明、革新、创造的开始。解决问题的过程，就是最有效的学习过程。中外伟人都有爱提问的习惯。陈景润研究“哥德巴赫猜想”是因为有人提出了“猜想”问题，假如没有人提出这个问题，陈景润等科学家就不可能研究这个问题，这一问题也就不能得到解决。英国的瓦特由于思考“开水为什么能掀起壶盖”这一问题，才终于利用其中的原理发明了蒸汽机。

德国著名的现代物理学家海森堡曾说：“提出正确的问题，往往等于解决了问题的大半。”

提出问题是学习的开始，也是孩子认知世界的开始。孩子提出的问题往往反映了孩子认知水平的高低，可使家长更清楚地了解孩子，对孩子进行更适合的教育。我国在教育上自古就有“学贵善疑”的说法，说的就是孩子在学习的过程中，敢于提出问题是非常可贵的。任何一个问题的提出都是孩子深入学习的映照，也是孩子认真观察的表现。

法国著名文学家巴尔扎克认为：打开一切科学宝库的钥匙毫无疑义都是问号。美国著名心理学家布鲁纳在学习中也提出了一种新的方法，并把这种方法称为“发现法”，这种方法其实就是鼓励孩子在学习的过程中多提出一些问题。

鼓励孩子在学习的过程中不断提出问题，可以使他们的学习由被动接受知识的过程变为主动探求知识的过程。这对增强求知欲，集中注意力，提高学习兴趣，培养观察、思维、记忆等能力都是有好处的。

那么如何才能培养孩子良好的提问习惯呢？可以从以下几方面着手：

（1）消除孩子提问前的顾虑。很多孩子在课堂上很少提问，就算偶尔提问也是一站起来就脸红。出现这种情况有时候是因为顾虑，怕提的问题过于简单，让同学们笑话，有时候却是因为怕羞。对待这样的孩子，家长要让他知道“提问无须脸红，无知才应羞耻”的道理，这是养成提问习惯所必须具备的正确认识。

提问的习惯不是一两天就能养成的，这是一个由浅入深、逐步提高的过程，家长也不要过于急躁。孩子最初提出的问题也许是一些天真幼稚的问题，这是很正常的，要知道，没有简单、幼稚的问题就不会发展到深奥、复杂的问题，那些真正有水平、有价值的问题正是从一些简单、幼稚的问题发展而来的。所以，要让孩子知道，不要因为提出的问题简单受到同学的嘲讽而感到难为情，更不能因此而退缩。

在美国，小学教育非常重视让孩子提问。在课堂上，孩子可以随时打断老师的讲课进行发问，而且提出的问题越多越好，越有价值越好，老师不但不会为此感到不满，而且如果谁的提问非常深刻或者能指出老师的错误，老师还会很高兴。而那些老师也回答不了的问题，老师会很高兴地在课下邀请这些孩子们一起讨论。这种培养孩子提问的精神才是真正地为孩子的学习着想，才会促进孩子养成提问的习惯。

（2）消除孩子对家长和老师的依赖。家长或者老师，在孩子的心中往往都是最有榜样性和权威性的。对孩子来说，不管是家长还是老师，他们的意见都是非常重要的。孩子被领进知识的大门后，在“榜样”和“权威”的熏陶下，对家长和老师的话都深信不疑，年龄越小的孩子对家长和老师的依赖也越强。

教育孩子，就要让孩子懂得：在家里，父母不一定就是真理的化身；在学校，老师也并非就是最权威的。这些人都会出现差错，他们的知识也不是最全面的，即使是最有成就的父母，最有名望的大学教授，也有答不出问题的时候。如果孩子过度依赖家长或者老师，就会阻碍自己独立思考能力和创新能力的提高，同时也不利于养成提问的习惯，更不利于孩子未来的发展。

（3）鼓励孩子及时提问。作为家长，应鼓励孩子及时提问。只有这样，孩子才能从提问中获得知识。

小梁有一个好的习惯，每到下课，他总是把一些课堂上没来得及问的问题及时向老师请教。有时候，老师走得急，他就回家后向家长请教。小梁的这种及时提问的习惯，解决了他的很多问题。

在学习的过程中，问题积累得越多，学习起来就越累，养成良好的提问习惯，就是解决这个问题的最好办法，也给学习创造了良好的学习环境。

在提问的过程中，不仅要会提问，还要会思考，不经过思考就提问，或者提问之后不思考，对学习也起不到好的作用。相反，经过严密的思考之后再进行提问，不但会从提问中找到问题的关键，而且能找到自己的不足之处，同时，对问题的探求也会更深入。

在课堂学习中，提问是积极思考的表现。问题越多的孩子，知识往往掌握得越全面，对知识的领悟也越透彻。而那些很少提问甚至从不提问的孩子，虽然听到了老师的讲解，也听到了别人的提问和老师的回答，但由于自己的思路并没有真正跟上，即使听到了同样的内容，印象也不如积极思考的孩子那样深。如此一来，他们不仅对知识的应用能力差，而且还非常容易遗忘。

但是，在日常生活中，有些孩子心中藏了很多疑问却不敢问，这是为什么呢？原因就是他们害怕，有可能是害怕父母的呵斥，有可能是害怕老师的责备……面对这样的孩子时，做父母的有责任让孩子把心中的疑团解开。

可新学习很用功，也很懂事，但就是有一个毛病：不爱提问。对自己不懂的问题，哪怕很重要，他也从不问别人，不论是老师、同学，还是家里人。

晚上，可新做数学课外习题，又因为弄不懂里面的“追及问题”，以至于后面的应用题都无法解答了。坐在一旁的妈妈忍不住问儿子：“我们昨天不是说好了今天去问老师吗？你没有问老师，还是问过后没有听懂？”可新低声说：“我没有问。”好一会儿，妈妈都没有说话，于是可新又说道：“妈妈，你给我讲吧！”看着孩子已经两天都没有完成的作业，可新的妈妈坚决地摇摇头，然后摸摸可新的头说：“儿子，这样吧，我们打电话给老师，请老师在电话中给你讲，但是，你一定要说出你的疑问，这样老师才能帮助你，好不好？”可新抬头看看妈妈，噘起嘴。妈妈继续鼓励儿子说：“你不用怕，老师一定会很高兴为你解答的。你知道吗，聪明的孩子才敢于提问，当你踊跃提问后，你会学到很多很多的知识，敢于提问的孩子才是最棒的，我们试一试吧！”在妈妈的陪伴下，可新与老师通话后弄懂了问题的关键之处，很快就成功解出了这些数学题。

第二天，可新觉得数学老师没有以前那么可怕了，反而很和蔼。于是，随着一次又一次的尝试，可新在提问中解除了一个又一个的疑惑。可新的成绩一天比一天好，性格也活泼了许多。

可新不爱提问，是性格内向等多种原因造成的。妈妈的鼓励和老师的帮助，让可新恢复了孩子爱问的天性。每个孩子的头脑中都有数不尽的问题，他们就是在对这些问题的探索中，逐渐认识周围的世界，逐渐长大的。也就是说，知识越多，问题越多，提问的能力也越强。但随着年龄的增长，许多孩子提的问题却越来越少了。造成这种现象的一个重要原因是父母和老师对孩子提问时的冷漠、呵斥和嘲笑。一些孩子对提问感到难为情，渐渐地不敢问、不想问，最后发展到不会问。

教育孩子要有正确的方法，要鼓励孩子敢于提问，敢于发表与别人不同的见解。只有具有这种信心和勇气，孩子的创新意识才能树立起来，创新能力才会得到提高。

当然，这就需要父母营造宽松和谐的家庭氛围，设法经常锻炼孩子的胆量，教给孩子一些提问的技巧，使孩子会问、善问。这样，孩子在查找资料、向别人请教的过程中，不仅能学到知识，而且能培养对知识的好奇心、发现问题的恒心和解决问题的自信心。

伟大的科学家爱因斯坦认为，提出一个问题往往比解决一个问题更重要，因为解决问题也许仅仅是教学上或实验上的一个技能而已。而提出新的问题、新的可能性，从新的角度去看旧的问题，需要有创造性的想象力，并且是科学真正进步的标志。同时，他还说："想象力比知识更重要，因为知识是有限的，而想象力概括着世界上的一切，推动着社会进步，并且是知识进步的源泉。"

俗话说得好："问是学之师，知之母。"现实生活中，我们每一个人都不可能做到事事通，即便是学习成绩最优秀的学生，也不一定什么事都知道。有问题并不可怕，可怕的是有问题却不问。

看一看那些学有所长的人走过的成长道路便可知，他们无不把好问作为学习的诀窍。学问学问，一学二问，不学不问，是个愚人。周恩来同志小时候读书时，到老师那里去得最勤，问问题的数量也最多。他还经常和同学们一起互问互答，探讨问题，不断追求新思想和新知识。勇于提问，是打开知识大门的钥匙。孩子们学习的时候，正是在解答一个个问题的同时，探求到解决问题的新见解、新方法，并一步一步获得新知识的。

做时间的主人

父母千万不要把孩子管得太“严”了，而应给孩子一定的空间，并从小培养孩子强烈的时间观念，告诉他们时间属于会利用时间的人。合理、有效地利用时间，就等于赢得了时间，掌握了学习和生活的主动权。有效的教育方法，才能产生有效的教育结果。让孩子认识到时间的重要性，学会合理利用时间，是生活中非常重要的事情。

苹苹读三年级，时间观念很差，对事情的分配没有轻重缓急的概念，经常是玩累了，才想起还有作业没有完成。爸爸经常督促她，但效果不好。爸爸只好替她把时间安排好。

后来，爸爸发现，小区里有一个比萍萍小一岁的孩子，每当他还没有完成作业萍萍就约他出来玩时，他都会断然拒绝。于是，爸爸就在萍萍面前用赞赏的话语夸奖那个小朋友懂事，有时间观念。“爸爸，我的时间不都是你安排好的吗？”

萍萍听出了爸爸的意思，不满地说。“你自己来安排学习时间好吗？”“真的？”“当然了，但是时间是很容易逝去的，最重要的是学会怎么安排和利用，你自己试一试吧！”

第二天，爸爸送给了萍萍一台袖珍式收音机，并且跟她讲，在看书和做作业外的空闲时间，可以听听自己喜欢的广播节目，还可以看几个自己喜欢的电视节目。除此之外，爸爸还注意监督萍萍的执行情况，以免她无限制地听广播和看电视。

孩子在心理发展的过程中随意性很强，自我控制能力较差，常常一边吃饭一边玩耍，一件事情还没有做完，心里又想着另一件事情，做事总是杂乱无章，缺乏条理。这时候，父母如果不加注意，就会让孩子养成“拖拉”的坏习惯，久而久之，这种坏习惯会根深蒂固。对于孩子来说，如果他有良好的学习习惯，他表现出来的能力也是超乎想象的。也就是说，只要拥有良好的学习习惯，就算是智力和天赋并不高的孩子，也能够取得很好的学习成绩，也能够在学习中取得成就。在安排时间上，我们每一个人都应该向富兰克林学习。

富兰克林是美国著名的科学家，是《独立宣言》的起草人之一。有人问他：“您怎么能够做那么多的事情呢？上帝也没有多给您一些时间呀！”

“我有自己的时间安排，你看一看我的时间安排表就知道了。”富兰克林答道。他的时间安排表是什么样子的呢？

5点起床，规划一天的事务，并自问："我这一天要做好什么事？"

8—11点，14—17点，工作。

12—13点，阅读、吃午饭。

18—21点，吃晚饭、谈话、娱乐、回顾一天的工作，并自问："我今天做完了该做的事情吗？"

朋友劝富兰克林说："天天如此，是不是过于……"

富兰克林摆摆手，打断了朋友的话，说："这已经是我的习惯了。你热爱生命吗？如果你热爱，那么，别无谓地浪费时间，因为时间是组成生命的材料。"

学会安排自己的时间，并让这种安排成为你自己的习惯，你就会在成功的路上，多一道希望的光芒。一些父母把自己的期望寄托在孩子身上，这是一件很残酷的事情。其实，不如让他们自己做选择。学习是一个终身的过程，孩子将要经历学习、工作、取得经验、再学习这样一个循环往复的过程。

当孩子不能很好地安排自己的时间，或制订的计划难以实施时，父母要给他一定的指导或建议，最好是和孩子一起制订时间安排计划，千万不能命令他、压制他。在时间安排方面，一定要提醒孩子每天给自己安排一定的玩耍时间，或者做自己特别想做的事情的时间。有的父母认为，玩耍会影响孩子的学习成绩，而这却恰恰忽略了孩子的天性，所以结果往往适得其反。正所谓"玩得好才能学得棒"，孩子学会安排自己的时间并提高学习效率才是关键。

总之，父母要培养孩子自我安排时间的能力。孩子能够科学合理地安排自己的时间，就会为自己的日常活动提出独立的、不依附于父母或其他人的规则或标准，这样的孩子才是一个独立自主的孩子。

学会借鉴别人的学习经验

现在很多家庭都只生育一个孩子，部分独生子女也都显得很自我，他们很难发现别人的优点。可是孩子如果从小就不能看到别人优点的话，长大了可能会变得自以为是，无法和他人合作。因此，我们要让孩子从小就养成善于发现别人优点的习惯。我们需要知道的是，除了学习之外，借鉴别人的经验才能跑得更远。

一个小女孩很聪明，但是有点内向，不喜欢和别人说话，学习碰到困难也不向别人请教，总是喜欢自己闷头学习。小学的时候她在学习上一点问题都没有，到了初中就显得特别吃力。妈妈便带着女儿四处寻求专家帮忙。专家问小女孩："有没有听过龟兔赛跑这个故事？"小女孩回答："知道"。专家说："这个故事里面的兔子骄傲自满，比赛中途去睡觉了，最后还是乌龟赢得了比赛。"她说："是啊。"专家说："我现在跟你讲讲新的龟兔赛跑的故事。”一听说是个新版本，小女孩顿时来了兴趣。

于是专家开始给她讲：“在它们的首次比赛中，由于兔子掉以轻心，最后乌龟赢得了比赛。兔子便想我的速度这么快，怎么能让乌龟赢呢？于是要求进行第二次比赛。这回兔子当然不敢大意去睡觉，于是兔子便取得了胜利。乌龟想，第一次我赢得了比赛，这次怎么又输了呢？于是又向兔子发出第三次挑战。这一次，虽然兔子没有睡觉，但是却依然是乌龟赢了。”

她说：“这怎么可能，怎么可能是乌龟取得了胜利呢？”专家说：“因为乌龟改变了赛跑路线，把终点放在了一条河的对面！虽然兔子跑得很快，但是它不会游泳，怎么也过不去那条河。乌龟缓慢地爬到了河边，跳下去，直接游到了对岸，所以当然是它赢了。”

小女孩听完这个故事，专家问她有没有什么感悟。她想了想说：“乌龟和兔子各有优点和缺点。”专家说：“你是个聪明的孩子，其实我们人也一样。”小女孩听见专家夸奖她，显得特别高兴，于是和专家开心地交流起来。专家接着又说道：“之后兔子又和乌龟协商，说我们两个合作吧，在陆地上的时候你借助我的力量，在过河的时候我借助你的力量，这样我俩便都可以很快到达终点了。”小女孩听了之后说：“我明白了。”

这个故事中的道理会让小女孩一生都受益。

在学习生活中，不要只看到同学的缺点，还要发现他们的优点，也要善于和同学沟通，重视同学之间的交流。我们总是会听到："听君一席话，胜读十年书。"所以学习中的孩子也应该这样，当你一直弄不懂一个问题的时候，可以去请教自己的老师或者同学，没准儿他们的一个提示就会使你恍然大悟。然后你就能有更多的时间去学习更多知识，这样你的学习效率自然而然就提高了。

当我们遇到不懂的问题，一定要多向别人请教和学习，这样能更好地解决问题。有些孩子不注意能力的培养，所以家长一定要注意以下几点：

（1）鼓励孩子多说话。如果你的孩子是一个内向的孩子，就应该让他多发言多说话。而家长所要做的就是耐心地听孩子说话，不要随意打断，也不要一副不耐烦的样子。语言的表达是需要长期锻炼的，在培养孩子表达能力的过程中，一次粗暴的批评就有可能让孩子的心灵受到严重的伤害。

（2）家长多向孩子请教。日常生活中，家长也可以向孩子请教问题，耳濡目染之后，孩子会觉得向别人请教问题也不是什么丢脸的事情，也就会找别人帮忙了。

（3）要求孩子说话客气。在家庭生活中也要让孩子懂礼貌。一定要让孩子知道，一个人的言语是能反映出这个人的内在素养的，一定要懂得尊重别人，才能更好地与别人交流。

（4）要求孩子尊重老师。老师辛苦、无私地教育孩子，假如非要说他们希望得到一些回报的话，那么便是希望学生能够在知识这座大山上勇攀高峰。所以，要教孩子尊敬老师，在路上看到老师要问好。上课的时候一定要学会认真听讲，不违反课堂纪律，按时高质量地完成老师布置的作业。有一些学生做作业总是不认真，字迹也很潦草。老师批改你的作业时很辛苦，当然对你的印象也不会好。尊敬老师以及老师的劳动成果，才能保证师生关系的和谐，才能更好地促进学习。

（5）向同学请教。碰到难题时老师和家长不一定都在，其实向自己周边的同学请教问题也不失是一种好的学习方法。每个人都可能会遇到难题，遇到了难题之后一定要向同学或者老师请教，他们一般都会热心帮助你的。小孩子们都希望在学校的时候能够拥有很多朋友，希望同学都喜欢和自己玩。要抓住孩子的这一特点并且告诉他们向别的小孩子请教问题也是可以交到朋友的。如果你有好的态度，别人自然而然会喜欢你，希望和你成为朋友。这并不是什么丢脸的事情，反而可以在共同的学习中培养友谊。

（6）锻炼孩子的语言技巧。家长应该教给孩子向其他人请教时的语言技巧。家长一定要在和孩子讨论问题的过程中提高孩子的表达能力。根据孩子所提出的问题，家长可以当孩子的被问对象，也可以向孩子请教，示范怎样沟通能更好地解决问题。

（7）要敢于承认并及时改正自己的错误。很多孩子都是明明知道自己错了，但受到了批评之后，就算心里再内疚，嘴上也丝毫不会承认错误，甚至把跟老师的关系弄得很差。有些孩子在受到老师的批评之后就对老师怀恨在心，认为老师对自己存在主观偏见，这都是错误的想法。错了便是错了，一定要向老师主动承认错误，只要改正了便是好孩子。老师不会因为你一次不完成作业、偶尔违反纪律就把你当坏孩子看待，对你产生偏见。老师对每一个孩子都是一视同仁的。跟老师保持良好的关系既能促进你的学习，又能让你学做一个好孩子，这将会是你一生的财富。

刘昊同学，某市高考理科第一名，他在向别人传授自己的学习经验时提到，最重要的品质便是注重交流，善于向别人学习。他给人印象最深的一句话便是："善于学习的人，其实不仅善于从书本上获得知识，而且懂得欣赏他人的优点并且学习他人的长处。"他说："一个人只有有限的智慧，大家一定要多多交流、拓展思路。例如在做数学题的时候，每个同学都有自己的解题方法，当大家得到了不同的答案并且展开讨论的时候，必然会学习到自己以前没想到的方法。高中三年我一直都住在学校里，所以和老师、同学们有着深入的交流，他们教会了我很多东西，这些东西对我一直都很有帮助。因为我的成绩比较好，经常会有同学来向我请教问题，面对这些问题，我总是尽我所能地回答。我并不认为这是在浪费时间，在这个过程里，我顺便可以整理自己的思路，而且常常有意外的收获。”

从上述例子我们可以知道，孩子一定要学会跟别人交流合作，也就是要懂得如何整合资源，家长一定要从小就培养孩子的这个意识。借势而上，很多人都是因此而成功的。

◇善于提问◇

消除孩子提问前的顾虑。

敢于提问。

鼓励孩子及时提问。

从学习上来看，勤学好问是一种非常可贵的精神，是一个优秀的学生应该具备的学习品质，家长不仅不用担心，而且应该鼓励孩子多提问，发扬爱提问的精神，养成爱提问的习惯。

高情商家教思维

1. 如何培养孩子的学习兴趣?

2. 如何才能培养孩子自主提问的好习惯?

3. 你的孩子有拖拉的习惯吗? 如何帮助孩子管理好自己的时间?

4. 如何让孩子懂得向他人学习和与他人合作?

第七章

孩子，我们也需要你的爱

做个贴心的孩子

有一个朋友讲过这样的故事：

我住的小镇上常有务农的邻居，贩卖着新鲜而且没有农药的绿色产品。我喜欢他们所栽种的稻米和各种蔬果，不但吃出健康，也吃出对这些农友的信任。

其中一对夫妻为人忠厚诚恳，应是第二代接掌祖传事业的人。我常听他们叙述上一代如何吃苦耐劳，如年过八十的老母亲仍然每天左肩背着农用工具，右肩扛着捆绑的柴火，在田埂上走着。他们小的时候父母就陪伴在他们身旁，身为子女的他们在有了自己的孩子以后，更觉得尽孝道非常重要。

某个黄昏我又散步到这个摊位，这位太太忽然语重心长地说："现在的孩子很不贴心。为了栽培他们，我跟先生每天从早到晚都在工作，供他们吃穿、读书，可是孩子们一点都不贴心。"说完后老板娘神情非常沮丧。

我能体会一个母亲对孩子的期望落空时的心情，但我更能理解当孩子想要成为一个“健康的自我”的时候，多么需要父母亲和的教导。物质的供给可使孩子生活安稳，生理的需求得到满足，但成长中事事懵懂的孩子在面对人生难题时同样需要解惑，而此时他们最渴望出现在自己身边的人就是父母。

子曰：“如有王者，必世而后仁。”孔子这句话的意思是：若出现一个理想的君主，也一定需要三十年的时间，才能让百姓走上人生正途。虽然诸多学者将孔子的话用于提醒政治人物，但请容我在此转换它：若我们盼望孩子经过教化而走上正途，并成为对社会有用的人，教养者就必须是那个“理想的君主”，而且要用数十年时间来引导孩子，到他们而立之年为止，因为教育不是一件立竿见影的事情。

教子的确不易，如果在生活教育里只用权威规范进行说教，当然不易教出贴心的孩子。教养者，必须长期用心陪伴孩子，寻找出他们在学习和生活中没有自信的原因，陪他们疗伤止痛。因此，我们先要懂得体贴孩子，孩子才能体贴我们。要如何培养贴心的孩子呢？必须从改变生活态度做起。

回顾一下自己是否改变了说话的样子？避免粗鄙语气，以肯定句代替否定句来主动关心孩子。是否改变了工作的方法？订立个人阶段性的目标，将挪出的时间用来创造新的生活趣味，和孩子一起做他感兴趣的事情。是否学会了观察自己的情绪，好让孩子懂得什么是情绪管理？是否培养了大量阅读并思考的习惯，用来引导孩子增强学习的能力？

小王有一位服务于教育界的好友，任职主管的她从来没有架子。每一次见到她，她总是笑脸迎人，甜美是她的写照。最让小王印象深刻的是，这位懂得教育的友人，对孩子的爱心不会因为忙碌的工作而减少。虽然孩子都上了大学，照理她可以无忧地过自己想过的生活，但是因教育工作的机缘，长期接触因家庭原因而失去父母关爱的学生，使她除了主动关心学生外，也不会忘记自己的孩子。

无私心的她常感叹人要惜缘，只要有机会与自己的孩子相处，她一定不会放弃。因此百忙之中她也会炖煮美味食材，送到学校给孩子补充营养。若女儿因某些事情而情绪低落，她一定会把女儿接回家，让她暂时在家住一段时间，一来安抚孩子的情绪，二来避免发生不必要的事情。

小王也常被邀请参与她的家庭聚餐，亲身体会这个家庭的人彼此见面时的那种礼节。三个孩子无须他人敦促，会主动以茶代酒举杯真诚地向双亲说出感谢的话，感谢父母无怨无悔付出的一切。此时他们的父母并没有说教，而是微笑着回应道："哪里，这是我们应该做的。"

小王曾经私下向友人请教，何以如此有耐心陪伴孩子。她说："记得我念专科的时候，我爸爸也常常利用下班时间，在夜读的时间来看我。不论寒冷的冬天还是炎热的夏天，他总是卖力地骑着单车到学校来。父亲的爱从不由口里说出，但我永远记得这个画面。我虽然住在学校，但离家不远，为了不让我感觉到孤单，爸爸总是用行动表达他的关怀。爸爸对我贴心的关怀我无以为报。”原来贴心是一代又一代传下来的，难怪她三个孩子与父母之间的互动总是笑眯眯的、撒娇式的，对父母从不恶言相向，真令人羡慕。

对于父母说话时爱理不理的孩子，他们的父母经常抱怨孩子不贴心。孩子所有的行为表现都是父母行为表现的一面镜子，镜子里陈述的事实正提醒着父母该是反省自身行为表现的时候了。

妈妈一进门，程雄文就扑上去，大喊道：“妈妈我饿了！”妈妈说：“冰箱里有面包和牛奶，你先吃一点儿。妈妈一会儿就做饭。”程雄文喊：“你给我拿！”妈妈换完鞋，包都没来得及放下，就去开冰箱给儿子拿食物了。

“妈妈，我的红领巾该洗了！你一会儿给我洗洗吧！”程雄文冲着正在擦地的妈妈说。妈妈一边答应，一边扔下拖布，走过去把儿子的红领巾放进盆里。这时，电话响了，是奶奶打过来的。

妈妈说：“儿子，你奶奶在超市里，买的东西太多了。妈妈去接她，你先在家写作业。”等妈妈和奶奶拎着大包小包的东西回来的时候，爸爸已经下班了。为了让一家人尽快吃上晚饭，妈妈揉着酸痛的脖子又进了厨房。

晚饭后，程雄文坐在电视机前看动画片。妈妈在厨房刷碗时，程雄文喊妈妈给他榨一杯果汁。妈妈端着果汁出来的时候，已经晚上9点了。此时，妈妈已经累得腰酸背痛了。她刚刚靠在沙发上，想起儿子的红领巾还没洗，又只能起来去洗红领巾。

案例中的妈妈，谁都可以看出她已经超负荷运转了。可她还是硬撑着操持家务，不肯对孩子说一声：“妈妈很累了，你自己洗红领巾吧！”真是一个富有牺牲精神的妈妈。

我们总是以为，让孩子少做事就是爱孩子。殊不知，孩子习惯了这种“家长安排好一切，他只管享用”的生活方式后，就会认为家长为他做事是理所当然的。所以，他们不会说“谢谢”，更不会觉得父母很累、很辛苦，自己要替父母分担一些家务。

生活中，我们常常发现，父母身体不好，经历过困苦、磨难的孩子，更懂得体贴父母。因为他们懂得，父母也有软弱的时候，也需要孩子的帮助。而未曾经过情感波折的孩子，缺乏感受力，即使将来父母生病了、老了，他们也可能会无动于衷。因为一直以来，他们习惯性地认为，爸爸、妈妈的事他们自己会解决，无须自己操心。所以，做父母的还是不要在孩子面前充“硬汉”“全能王”和“高手”。

为了避免自己到了耄耋之年得不到孩子的照顾，在孩子小的时候，家长就要把生活的艰辛告诉孩子，让孩子看到父母辛苦操劳后长出的一根根白头发和日渐佝偻的身躯，让孩子体悟到父母在渐渐老去，需要逐渐长大的孩子的照顾。

不要认为孩子小帮不了你什么，即使孩子做一点点事情，也是孩子的爱心在萌动的表现。如果你真的很累，就对孩子说：“妈妈很累，需要你的帮助！”“你帮妈妈择菜吧！”向孩子求援，孩子会很乐意帮助父母的。孩子在做事的过程中，体会到父母的辛苦，就会更加爱自己的父母。

家长不要认为把自己糟糕的情况告诉孩子，会让孩子担心，影响孩子的学习。让孩子适度地了解家里的情况，更能增加孩子的责任感和承受力，有利于培养孩子的担当精神。

如果家长在孩子小的时候让孩子做一些力所能及的事情，比如扫地、拖地、擦桌子、洗碗、洗衣服、采购物品等，就不会出现孩子读大学了还要父母随行陪伴的情况。

千万不要因为着急，或怕孩子越帮越忙给自己添麻烦，就让孩子一边儿待着，这样下去不但搞得自己疲惫不堪，还会让孩子失去锻炼的机会。做家长的一定要明白，凡事都有第一次，孩子的第一次开始得越早，把事情做好的时候来得也越早。

尝试着做家务

美国哈佛大学的一些社会学家和儿童教育专家，对波士顿456名少年儿童做的长达20年的跟踪调查发现，美国小学生每日劳动的时间为1.2小时，中国小学生每日劳动的时间为0.2小时。而爱做家务的孩子与不爱做家务的孩子相比，长大后的失业率为1∶7，犯罪率为1∶10，平均收入高出20%，此外，离异率、心理疾病患病率也较低。可见，做家务不仅仅是简单地让孩子帮忙分担一点劳动，更是为了他今后的幸福生活。所以对于父母来说，一定要培养孩子做家务的能力，让孩子能够照顾自己的衣食起居，还能帮助父母做些家务活。

家长在让孩子做家务、培养孩子良好的生活习惯以及责任心的时候，一定要根据孩子的年龄和能力，让他们做力所能及的事。如何根据孩子的年龄来培养他们这方面的能力呢？下面这些建议可供父母参考：

（1）2～3岁。这个年纪的孩子应该会做这样的事：把玩具拾起来放在正确的位置上；把书和杂志摆回书架上；把餐具摆放在桌子上；清理吃剩的食物；擦干净不小心弄脏的物品；自己选择自己要穿的衣服。

父母可以利用这个年纪的孩子喜欢模仿的特点，让孩子模仿父母做家务，可吩咐他们做一些简单的事情，如拾起玩具，把报纸拿给爸爸，给妈妈拿双拖鞋，把废纸等丢到废纸篓中去等。

有一位妈妈，为了培养孩子的动手能力，在孩子会坐了之后，就开始有意识地培养他动手收拾自己玩具的习惯。孩子在那个时候也许根本不懂玩和劳动的区别，但是每次睡觉前，妈妈都抓着他的手，把他的玩具放进玩具箱里。做完之后，妈妈会说："宝宝好乖哦，会收拾玩具了，鼓鼓掌。"这样，孩子就会试着自己放玩具了。

对于2～3岁的孩子，家长可以有意识地让他收发筷子。在吃饭之前，让孩子发筷子是一个很好的锻炼机会，这样能培养孩子一一对应的概念，有一个人就要有一双筷子，并且按座位来摆放。吃完饭，让孩子负责把每个人的筷子收起来，有了这样一项任务，孩子吃饭时就不会拖拉，能按时吃完饭了。因为看到大人在等着他收筷子，他多少会有一点动力。

(2) 4岁。4岁的孩子应该学会做以下的事情：收拾桌子，并摆好碗筷；把杂物倒掉；大人买东西时帮助拿些能拿的；

整理床铺，收拾、打扫房间；擦洗器具；准备简单的餐后水果给大家吃；和大人一起洗青菜、水果。

对孩子来说，端碗并不是一件容易的事，因为孩子也怕碗被摔碎。当孩子打碎碗时，家长不要责怪他，因为有了一次不愉快的经历，孩子以后是不乐意再做这件事的。家长要耐心地引导、鼓励孩子不怕失败，并教给孩子正确的端碗方法。

这个时期，父母要有意识地培养孩子收拾、打扫房间的习惯。父母在扫地时，可以请孩子捡起地上的废纸，扔到垃圾桶里，或请孩子帮忙拿一个簸箕来。父母在拖地时，可以请孩子移开一张小椅子，好让拖把把地拖得更干净。父母在擦桌子时，可以请孩子一起来擦自己的小椅子……做这些事情时，孩子会感到很轻松，很有趣。

有一位妈妈，她的孩子4岁了，每次她去超市买东西，都会让孩子帮着提一些。到家之后，她就会把东西放在走廊里，让孩子去摆放东西。孩子拿起一样东西，她就告诉他这个应该放在厨房，或是放在客厅。孩子总是乐此不疲地奔来跑去，依次把每样东西放好。这样对培养孩子的动手能力和责任心很有作用。

（3）5岁。5岁的孩子应该会做这些事情：给自己倒饮料喝；把各种食物盛入碗中；擦洗水槽、浴盆；擦干净镜子和窗子；接电话，并能自己拨电话；倒垃圾；和家人一起择菜。

家庭中琐碎的事情很多，家长不要让孩子把劳动当成很难办的事情，而要在潜移默化中让孩子参与到劳动中来。比如家长买了菜回来，可以让孩子一起挽起袖子来择菜。在孩子看来，这些劳动都是很有趣的，家长在孩子产生兴趣时，切莫因为怕孩子做不好而剥夺孩子劳动的权力。

(4) 6～8岁。这个年龄段的孩子应该能做这些事情：给花木浇水；削水果皮；用微波炉热食物或做简单的食物；把自己的衣服挂在衣柜里；清理橱柜。

小雪今年6岁了，妈妈养了许多花，给花浇水的任务就由小雪来完成。小雪非常愿意做。其实浇花的过程也是观察的过程，在这个过程中，她会注意到叶子的变化，花的变化。她通过浇花能敏锐地感受着自然、感受着生活，这是很美好的事。

小雪也喜欢喂鱼和喂小乌龟，这同样是观察的过程。有

一天，妈妈刚下班，她就告诉妈妈鱼都没有死，小乌龟却不动了。妈妈赶紧给她讲了不同动物不同的生活习惯。

(5) 9～10岁。这个年龄段的孩子应该能做这些事情：换床单；操作洗衣机；使用购物单来购物，并能“货比三家”；做比较简单的饭菜，在爸爸妈妈不在家时，不至于只会要钱去外面吃，能自己解决吃饭的问题；家里来客人时，能招待客人；做简单的急救工作；家里东西坏了，能参与修理；做些手工。

辰辰的爸爸一直很重视孩子的动手能力，在辰辰9岁生日时，就给他买了一个工具箱，里面有各种各样的工具。这一天，家里一个橱柜的抽屉坏了，关不上。爸爸就找来锤子和钉子，开始修理这个抽屉。辰辰在旁边看见以后，也参与了进来。他拿来自己的工具箱，认真地观察着抽屉，又学着爸爸的样子敲敲打打，做起来非常专注。当把抽屉修好的时候，辰辰满脸喜悦地说：“我们成功了！”

妈妈常常埋怨辰辰没耐心，在玩玩具时，玩着玩着就厌烦了。可是她发现儿子在跟爸爸修理抽屉时，非常专注，那种饱满的工作热情和投入的状态，让妈妈触动很深。她觉得应该多安排一些这样的事情给辰辰，这样能满足孩子心智发育的需求，也能让他有成就感。

(6) 10 ~ 12 岁。对于这个年龄段的孩子，父母应该培养他们的理财能力，可以给他们一定数目的钱，让他们自己来支配，但是不要太多，最好不要超过 20 元。对这个时期的孩子，父母不必事事都跟着，可以让他们自己乘坐公共汽车。如果要处理离家不太远的事情，也可以让他们去办。同时父母可以让孩子帮忙打扫房间，清理厨房，帮家里人去办些外面的事。

父母要选择适合孩子年龄的家务活，让他们参与进来。当然，在教孩子做家务时，父母还要注意以下几个方面：

(1) 不要过多干预。父母根据孩子的年龄和能力，选择适合孩子的家务活。只要分配合理，适合孩子的年龄及能力，做家务就可以调动起孩子的积极性。孩子做家务时要注意安全，父母应注意在孩子需要帮助的时候给予他帮助，但不要过多干预，因为孩子认为“这些活是我自己做的”，就会有满足感及幸福感。

(2) 及时检查。家长应该将零星杂务记录下来，列成工作表，贴在最显眼的地方，让孩子都能看到，以免他们推诿说这也“不知”，那也“忘了”。每件家务完成后，就在工作表上把它画去。做好记录，不仅能检查孩子的家务完成情况，还可以让父母能够及时地夸奖孩子。

(3) 言传身教。当孩子不会做时，父母要一边做一边讲解，手把手地教。

(4) 记住表扬和道谢。要知道，孩子没有经验，不可能把每件事都做得十全十美，无论孩子做得如何，别忘了给予他赞美和鼓励。在所有回报中，赞赏是孩子最喜欢的。当孩子认真地完成了一项工作后，不要忘了告诉孩子，他做得非常好！家长要指出孩子做得对的地方，然后也要指出做得不好的地方，但是不要指责他。比如家长要孩子收拾房间，收拾完之后，家长在检查时可以这样评价："嗯，这个房间变化真大呀！玩具都放回到了玩具箱里，卡片也收起来了。书除了两本之外，也摆得很整齐了。书桌除了一个小角落，也都擦干净了。嗯，干得不错！"家长要多夸干得好的，顺带指出不足之处。相信下次再收拾房间时，孩子就会把那两本没有放整齐的书摆放整齐，把没有擦到的桌角擦干净了。

另外，当父母以"我需要你的帮忙"来要求孩子做事时，孩子做完之后，父母要向孩子表达自己的感谢，这种真诚的感谢会令孩子更积极地成为做家务的好帮手。

(5) 避免强迫。孩子想逃避工作时，总有一套手法。父母可以跟他们商量，但不要施加压力，更不要跟他们争吵。作为父母，应该允许他们有各种想法，承认"刷洗马桶确实是又脏又臭的"，但要指出，这工作必须得有人干。如果父母说得合情合理，孩子还是会服从的。

(6) 父母要乐于做家务，为孩子做好榜样。父母在日常生活中不要时常因为做家务而发牢骚，否则，孩子也会认为做家务累人，而不喜欢做家务。父母本身对做家务的态度要端正，不要让孩子从父母的言行举止中感觉到做家务是件令人讨厌的事情。即使父母讨厌做家务，也不要当着孩子的面发牢骚。

让孩子建立自我价值感、自信心与责任感的一个好办法就是给孩子布置一些适合他们干的家务活。父母应该依照孩子的年龄给孩子安排家务劳动，让他们参与到家务劳动之中，让孩子在愉快、自主自发中学习做家务，这样对孩子的成长很有益处。

养成孝敬父母的习惯

有的父母说："孩子是我们的贴心小棉袄。"有的父母却感叹："孩子和我一点也不亲近！"其实孩子是孝顺父母、成为父母的贴心小棉袄，还是自私、和父母不亲近，都源于父母们对他们的培养。

亲情是一个人善心、爱心的综合表现。孝顺父母是做人的本分，是一种美德，也是各种高尚品德形成的前提，因而历来受到人们的称赞。试想，一个人如果连孝敬父母、报答父母的养育之恩都做不到，谁还相信他是个"人"呢？又有谁愿意和他打交道呢？

可以毫不夸张地说，作为父母的孩子，能否孝顺父母直接决定了他是否能够被他人、被社会所认可，直接决定了他的品行是优秀还是低劣。因此，培养孩子孝顺父母的习惯是家庭教育中不可缺少的环节。

现在养孩子讲究"娇养""富养"，于是生活中便出现了这样的情况：吃过饭后，孩子扭头看电视或玩耍去了，父母却忙碌地收拾碗筷；家里有好吃的东西，父母总是先让孩子品尝，孩子却很少请父母先吃；孩子一旦生病，父母便忙前忙后，百般关照，而父母身体不适时，孩子却很少问候……凡此种种，值得忧虑。

晓萌 11 岁了，爸爸妈妈对她异常疼爱，晓萌也很喜欢爸爸妈妈，但却不知道心疼、体贴父母。父母结束了一天的工作，拖着疲惫的身子回到家里，连一口水也顾不上喝，就被晓萌缠着陪她玩，还吵着说自已饿了。

对此，父母不禁感到难过。他们想，也许是自己平时对女儿的溺爱让晓萌没有孝敬父母的意识。于是他们决定从生活小事做起培养女儿的这种意识。

有一次，晓萌来了兴趣，要尝试自己洗衣服，妈妈痛快地答应了。第一次洗衣服，晓萌洗得相当吃力，额头上都渗出了细细的汗珠，而且洗完衣服后胳膊都酸痛了。

晓萌好奇地问起妈妈："妈妈，你平时帮我和爸爸洗衣服也这么累吗？"妈妈说："虽然我力气要比你大些，不过每次洗那么多的脏衣服，也是很累的。"晓萌听完后若有所思地说："妈妈，我现在长大了，以后我的衣服我自己来洗吧。"

妈妈听了女儿的话，心里不知有多高兴，并及时夸奖晓萌说："晓萌懂事了，知道心疼妈妈了。"听了妈妈的夸奖，晓萌更高兴了。此后，晓萌变得懂事多了，除了坚持洗自己的衣服以外，还主动帮父母扫地、洗碗，更懂得心疼父母了。

晓萌为什么变了？因为她体验到别人的疾苦，泛起了爱心或同情心，从而设身处地地为别人着想。

有无孝敬父母的习惯，不单单关系到孩子和父母的情感，其实质是孩子能否关心他人的大问题。在家里能养成孝敬父母的好习惯，长大后到社会中才有可能做到关心他人，才能很好地融入社会，有所作为。因此，在娇养孩子的同时，父母要有意识地培养孩子孝敬父母的好习惯。那么父母应该怎样培养孩子孝敬父母的好习惯呢？

（1）要建立合理的长幼有别的家庭关系。所谓“合理”是指全体家庭成员之间首先是民主平等的，父母要尊重孩子的独立人格。同时，家庭又是一个整体，不能各自为政，总要有人来“领导”家庭，管理、指导家庭全体成员的生活。父母是家庭生活的供养者，而且他们有丰富的生活经验，自然应当成为家庭的核心和主事人。孩子应当在父母的指导、帮助下生活和学习。

现在，不少家庭中，孩子是“小太阳”，父母变成围着孩子转的月亮，这就为孩子形成以自己为中心的自私性格提供了土壤，也就更谈不上培养孩子孝敬父母的好习惯了。因此，父母要让孩子明白他自己与父母的关系，让他知道父母是长者，是家庭生活的主事人，而不能颠倒主次，任孩子在家里逞强胡闹。

（2）要让孩子了解父母为他和家庭所付出的辛苦。现在不少孩子并不知道自己漂亮的衣服、美丽的鞋子是父母辛苦工作换来的，不知道父母的钱是怎样得来的，只知道向父母要钱买这买那，认为父母给自己吃好、穿好、用好是天经地义的。这样的孩子必然不可能从心底里孝敬父母。为此，父母应当有意识地把自己在外工作和收入的情况告诉孩子，从而让孩子明白父母的钱得来不易。自然而然地，孩子会逐渐珍惜自己的生活，也会从心底里产生对父母的感激和敬重。

（3）从小事入手培养孩子孝敬父母的行为习惯。教育子女孝敬父母的一般要求是：听从父母教导，关心父母健康，分担父母忧虑，参与家务劳动，不给父母添乱。要把这些要求变为孩子的实际行动，就应当从日常小事抓起。在关心父母健康方面：要求孩子每天问候下班回家的父母；当父母劳累时，孩子应该主动帮助或请父母休息一下；当父母生病时，孩子应该主动捧上一杯热水等。父母应该根据孩子的能力和学习情况，合理分配，具体指导，耐心训练，热情鼓励。这样不但有利于培养孩子做家务劳动的习惯，也有利于增强孩子孝敬父母的观念。

（4）以身作则，父母要做孝敬长辈的楷模。孩子怎样对待父母，很大程度上取决于父母怎样对待父母的长辈，尤其是母亲对长辈的态度更是直接影响到孩子对待父母的态度。父母在照顾好自己的孩子的同时也不要忘记照顾好年迈的双亲。如果说因居住地较远或工作较忙等不能和老人朝夕相处，那么在节假日应尽量抽时间带上孩子去看望老人，帮老人做些家务，与老人共聚同乐，尽一份子女应尽的责任。在这种环境中耳濡目染，孩子也会逐渐养成尊敬长辈、孝敬父母的好习惯。

经常帮助父母做事

我们常常看到这样的场景：

在超市里，孩子忙前忙后，一会儿帮妈妈推车，一会儿帮妈妈挑东西，嘴里还说着："妈妈，我帮你推车吧！妈妈，我帮你拿东西吧！"

妈妈没好气地说："快歇歇吧，你不捣乱，就是帮我的大忙了。"

有时，家里的大人在一起讨论事情，孩子要参与其中，大人常常会说："不关你的事，一边玩儿去！"

作为父母，一定要少说这句"不关你的事，一边玩儿去"，父母可能认为孩子年龄小，没有能力参与这些事，也可能嫌孩子参与其中，不但帮不上忙，反而会越帮越乱，所以心生厌烦。但是，父母的"无情的拒绝"会打击孩子参与的积极性。

斌斌四岁时，妈妈做什么他就想跟着做什么。有一天，他看见妈妈扫地，就抢着去扫，结果地没扫成，却把垃圾筒给弄翻了，反而让妈妈多了一件家务活。他什么都抢着干，但什么都做不好。有一天，妈妈终于按捺不住了，对斌斌吼道："妈妈在做家务，这里没你的事，一边玩儿去吧。再捣乱妈妈就打你了！"长大后，斌斌什么事都不干了，连自己的事都不愿意做。妈妈又开始唠叨起来："这么大的人，还要妈妈给你收拾书包！瞧你这孩子，这么懒，一点儿也不知道帮妈妈做点家务！"

很多家长都犯这样的毛病，总是在孩子喜欢做家务的阶段不让他做，等孩子不再愿意做的时候却抱怨孩子太懒。

还有一位妈妈更离谱，她向朋友抱怨道："我发现我家孩子越长大越懒了，今年都12岁了，当我做家务忙得不可开交时，我让他帮我收拾一下桌子，他装作没听见一样。我要是多说几句，他就开始心烦，嫌我唠叨，一生气就躲到自己的房间里去了。这孩子小时候不这样啊，那时他非常愿意帮忙，我做啥他都要帮忙，有时我赶都赶不走，我几乎天天说好几遍'这不关你的事，一边玩儿去吧'，有时甚至要动手打他，他才走开。记得有一次，我要和面包饺子，他非要帮忙和面。我怕弄得到处都是面粉，另外他根本也干不了，就不让他和。可是他趁我不注意时，自己弄出了面粉，偷偷地和了起来。

结果放的水太多了，浪费了不少面粉，气得我打了他一顿。不会干时抢着干，现在能干了，却喊不动他了。除非是他特别感兴趣的事，他才会帮我干，别的事他根本不帮忙了。我一直怀疑，是不是有一种基因促使孩子在小的时候去帮助别人，而长大了之后就变了呀？”

这位妈妈总是从孩子身上找原因，却忽略了自己身上的原因。当初孩子年幼特别想帮助妈妈干活时，妈妈的一句“不关你的事，一边玩儿去”打击了孩子的积极性。孩子听这种话听得太多了，就会没有兴趣和热情去帮助妈妈做事了，进而连自己力所能及的事情也不愿意去做了。

没有谁证实孩子在年幼时有爱帮忙的基因且这种基因长大后就消失了。其实，年幼的孩子有很强的助人为乐的动机，他们十分热衷于帮助父母，不管自己能不能干的事，他们都想参与其中，这其中有他们自己的“秘密”。他们渴望得到父母的重视，渴望通过帮助父母干活来证明自己长大了，渴望通过做事得到父母的称赞。当孩子帮父母干活，父母夸一句“你真是长大了”，孩子心里会很高兴。因为孩子是盼望长大的，他们就是想通过帮助别人来体现自己的价值，使自己盼望长大的心情得到暂时的满足。所以这个时期的孩子是很乐意帮助别人的，他们在这过程中得到了快乐和成就感。

然而，父母是怎么面对孩子的这种热情的呢？父母并没有满足孩子的心理需求，而是浇灭了孩子的这种热情。曾经看过这样一幅漫画，母亲在熨烫衣服，两个孩子在一旁玩耍。一个孩子边玩边对母亲说：“妈妈，真羡慕你，你在做家务！”其实，孩子是很羡慕妈妈在做家务的，他们也总跃跃欲试，想做点超过自己能力的事情，显示自己已经长大了。父母要给他们提供机会，不要怕孩子犯错，因为孩子就是在不断尝试、不断犯错的过程中成长起来的。

小茜的妈妈深知这一道理，虽然小茜是家里的独生女，可是她从小就能帮着父母做家务了。现在，已经9岁的她承包了家里很多的家务活，每天晚上吃完饭，她都会帮妈妈洗碗。到了周末，她会自己去市场买回全家的早餐；有时还会帮妈妈擦窗户、擦桌子、倒垃圾等。别的家长知道后，都夸小茜懂事乖巧，夸小茜的妈妈有福气，生了个好女儿。

其实，真实的情况只有小茜的妈妈知道，每次小茜帮她做家务，会比自己做还要麻烦，有时碗洗不干净、厨房里留下很多水渍、煤气炉没有擦，等等，害得妈妈要花更长的时间去收拾“残局”。但是，每次小茜要去做时，妈妈都不会阻拦，做完之后，哪怕是做得不好，或者惹来了麻烦，妈妈都会称赞她，因为妈妈知道，不能打击孩子的积极性。

有些孩子刚学做家务时，由于年纪小，常常打碎碗或弄翻垃圾桶。最初的时候，这样的错误小茜也没少犯，可是妈妈根本不在乎。她认为，宁愿损失几个碗，也不愿让孩子把做家务看成是家长理应做的事情，她宁愿花更多的时间去做善后工作，也不愿孩子在大人挑剔的眼光中逐渐失去做家务的热情。而且，她认为，孩子每天做点家务活，花费的时间不多，却可以培养他们的责任心。

蒙台梭利曾这样写道："儿童对劳动从不厌倦。劳动使他成长，劳动让他更具活力。儿童从不要求减轻他的劳动量，他喜欢独自完成某件事。因此，甚至可以这样说，不劳动，儿童的活力就会走向衰竭。"其实，多让孩子干些活对他们来说是好事。没有天生懒惰的孩子，孩子的身上充满了生命力，他们不会像成人那样把劳动当作"劳动"，他们会认为这是另一种游戏。有些时候，父母可以适当地给孩子安排一点活干，

或者让孩子帮自己的忙，跟孩子说上一句“我需要你的帮忙”，孩子会觉得这是莫大的荣耀。要知道，孩子劳动的积极性不是靠唠叨和斥责教育出来的，而是在引导和耐心下慢慢养成的。父母只有不打击孩子的积极性，才能让孩子更有自信心。

学会感恩

父母的养育之恩深如大海，因此，一个人长大成人后，不仅要照顾好自己的小家庭，还要时刻不忘照顾年迈的父母，更不能“添了孩子就忘了父母”。而对于这种习惯的培养要从孩子小时候就开始，让孩子多学习身边尊重长辈、尊老爱老的优良行为并付诸实践，如此耳濡目染，他们就会养成尊敬长辈、孝敬父母的良好习惯。

从前，有一对中年夫妇对年迈的父母很不孝顺，他们把老人赶到一间破旧的小屋里居住，每顿饭只用小木碗送一些剩饭给老人。一天，他们看到自己的儿子在雕刻一块木头，就问儿子刻的是什么，儿子说：“刻木碗，等你们年纪大时用。”此刻，这对中年夫妇幡然醒悟。他们把自己的父母请回正屋，同自己一起居住，扔掉了那只小木碗，拿出家里最好的食物给老人吃。小孩也因此转变了对他们的态度，从此一家三代

和睦地生活在一起。

从现在的一些孩子身上，我们常可以看到这样的问题：吃过饭后孩子扭头看电视或出去玩耍了，父母却在那里忙碌地收拾碗筷；家里有好吃的东西，父母总是先让孩子品尝，孩子却很少请父母先吃；孩子一旦生病，父母便忙前忙后、百般关照，而父母身体不适时，孩子却很少问候。这些行为所反映出的问题值得我们忧虑。所以，父母应该注重培养孩子孝敬父母的品质。或许很多父母未曾想要得到孩子的回报，认为自己的爱是无私的，其实这并不是父母无私的表现。父母应该让孩子明白自己的辛苦，让他们懂得敬重父母是做人的本分。

培养孩子孝敬父母的品质，可以从以下几方面入手：

(1) 让孩子记住父母的生日。父母给孩子过生日时应该有意识地提醒他们，父母的生日是在什么时候。要让孩子懂得为父母过生日是愉快的，记住父母的生日是应该的。不知道关爱父母的孩子，将来也不会懂得去关心他人。

（2）让孩子尊敬父母。孝敬父母就要尊敬父母，要听父母的教导，关心体贴父母，主动分担父母的辛劳，做个好孩子。长大成人后，自觉承担起赡养父母的责任。

（3）让孩子通过实际行动表达自己的孝心。孝敬老人是通过行动体现出来的。例如，尊重老人的生活习惯，在生活中多关心照料老人，经常与老人谈谈心、聊聊天，遇到事情先征求老人的意见。如果家中没有老人，可以到敬老院关心、照料孤寡老人。总之，要教育孩子通过实际行动来表达孝心。

（4）给孩子锻炼的机会。真正的孝心要通过实践去培养。平时，父母应让孩子分担家里的一些事情，让他们负起责任来；遇到为难的事情，讲给孩子听，让他们一起出主意想办法；长辈身体不舒服或生了病，告诉孩子应该做哪些事情，并付诸行动。久而久之，孝心就会在孩子心里扎根。

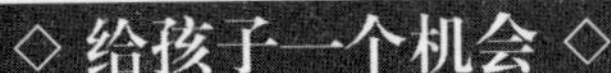

◇ 给孩子一个机会 ◇

给孩子帮你的机会。

鼓励孩子多做家务。

做家务可以培养孩子的责任心和自信心。

很多家长都犯这样的毛病，总是在孩子喜欢做家务的阶段不让他做，等孩子不再愿意做的时候却抱怨孩子太懒。父母要给他们提供实践的机会，不要怕孩子把家务做得一塌糊涂，因为孩子就是在不断尝试、不断犯错的过程中成长起来的。

高情商家教思维

1. 你对孩子有什么期待？你希望拥有一个孝顺的孩子吗？

2. 你认可做家务可以培养孩子的责任心和自理能力这一说法吗？在你的家庭中，孩子都参与和做了哪些家务劳动？

3. 如何培养一个孝顺父母的好孩子？孩子孝顺你的表现都有哪些？

4. 在感恩父母这一方面，你觉得自己的孩子都做到了哪些？